《食物連鎖 森編》

高次消費者
- 肉食動物
- 肉食鳥類

第二次消費者
- 雑食・肉食動物・鳥類
- 雑食・肉食昆虫

第一次消費者
- 草食動物
- 草食昆虫

生産者

分解者

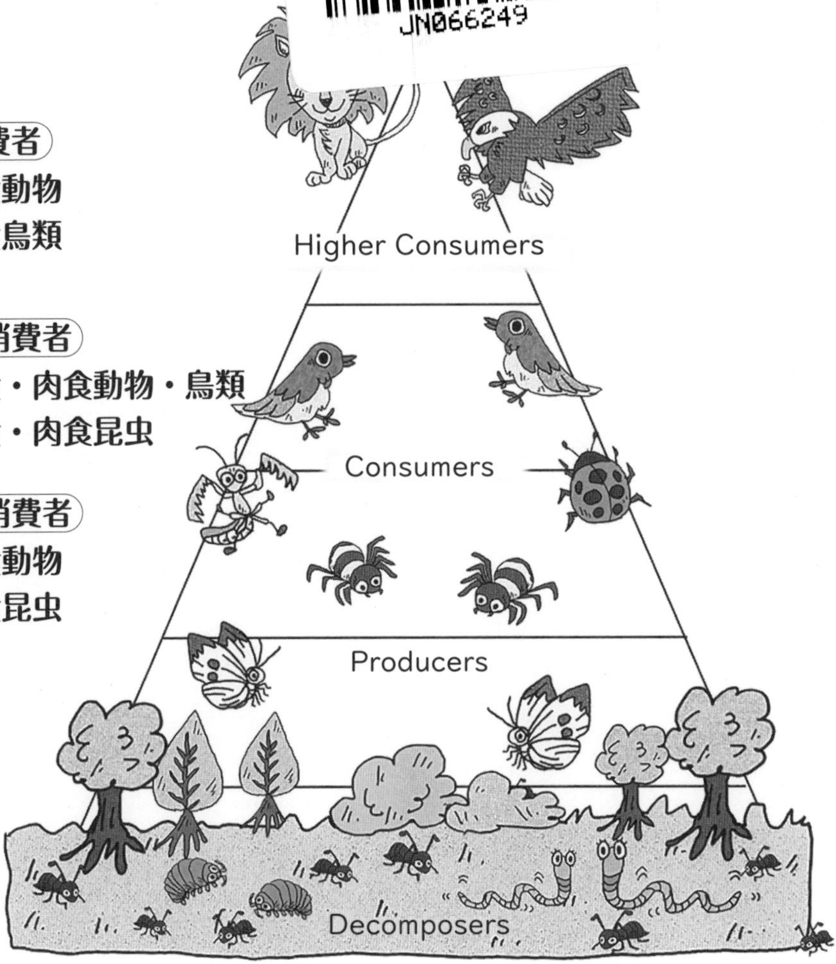

「言いたい」が「言えた！」に変わる小学校英語授業

――語彙力・表現力がぐんぐんのびる！

はじめに

本書は児童の英語力、とりわけ英語学習（外国語学習）での語彙・表現力を伸ばすことを狙いとしています。英語学習に必要な基礎体力づくり、タブレットが支給されているからこそのICTの使い方、プロジェクト学習に至るまでの外国語学習のスキルを高めるための指導法を掲載しています。

しかし、それ以上に児童に是非学んで欲しいことがあります。子どもは物心つく頃から、すべからく自分が世界の中心だと思っています。しかし、世の中のことがわかってくるにつれてそうではないことに気づきます。そのことに気づいたならば、人との関わりの中で大切なことはsympathy「思いやり」とempathy「自分以外の人を理解すること」だと気づいて欲しいと思っています。

私（北野）の教え子が書いた6年生の外国語学習の「振り返り」と、「なぜ外国語を学ぶのか」についての文章を紹介します。どの文章にも、外国語教育によって育まれたシンパシーとエンパシーが垣間見えます。

・外国語を通して日本と世界の違い、国と国の間で起こる戦争、肌の色が違うだけで起きる差別、頭では理解しているつもりでしたが、調べ学習などから何にもわかっていないことに気づきました。これからもっと勉強していけば、もっとおかしなことを知ることができると思いました。
・外国語をなぜ学ぶのか、私は他の国の文化を知るためだと思います。たとえば、食べ物を手で食べる人がいたら普通なら汚いと思ったり非難すると思います。でも手で食べる文化があると知った今は、変なことだとは思わなくなりました。そんなことがわかるようになるために外国語を勉強していると思う。

・外国語を勉強してその国のことを知ったら、もっと知りたいと思い、仲良くなると思いました。これから自分は外国語を通して他の国の言語や、食べているもの、どんな生き物が住んでいるかなどを調べたいと思います。がんばります。
・外国語の授業で私が身につけた力は、表現、発表する力だと思います。なぜなら、はじめは外国語で発表するなんて無理だと思っていたけれど、今は発表するときに工夫ができるようになりました。私は外国語を学ぶ理由は、相手の事や相手の国を深く知るためだと思います。なぜなら言語から学習していくと、その国のことが気になっていくと思うからです。
・外国語を学ぶことは、世界中の貧しい人たち、きれいな水さえ飲めない人たちのことのようないろいろな社会の問題を知り、どう解決するかを考え、自分には何ができるかを考えることだと思います。

この文章を書いた児童の学校はCOVID-19が蔓延したため、「チョコレート・プロジェクト」の途中だった5年生の2月から6年生の5月までの3ヶ月間休校となり、リモート授業となりました。そのため、対面のコミュニケーション活動、グループ活動、ペア活動も制限されていました。毎年、修学旅行で行っていた平和活動の一環であるインタビュー活動もできず、リーダーとなるべき縦割り班活動も、運動会も中止となりました。そのような状況下で学び続けた児童の声です。

このような声に応えられる教師になりたい、もちろん、このような考えを持つ児童を育てたいと切に思っています。

執筆者を代表して　北野ゆき

本書の使い方 Q&A

小学校教員（以下相談者）：小学校英語教科書はどれを見てもほとんど同じトピックが並んでいて、各社指導書もあり、どれも指導方法は同じような記述です。それなのに、本書では指導書と違う授業の実践を紹介しているのはなぜですか。

酒　井：英語教育全般を考えると、一番難しいところは学習者にどうすれば英単語を覚えさせ、使えるようにするかだと思います。中高ではかなりの生徒がテストを受けて上級学校に進学します。入学試験を意識した授業で、単語帳や小テストなどで英単語を習得させる必要があります。しかし、小学校ではそのような受験を意識した授業をすべきではないと思います。ところが、多少アクティビティが増えているとはいえ、中学校での授業を前倒しにしたような構成になっている教科書や指導書が散見されます。前倒しに重点を置いた授業は、今まで中学校で発生していた英語嫌いを小学校段階で作ってしまいかねません。これ以上英語嫌いの児童を増やさないために、曜日を表す単語を10回書くような受け身の学習ではなく、児童が自立した学習者になるために、言語活動の中で語彙が習得できるようにしたいと考えました。

相談者：それはどういう指導なのでしょうか。

酒　井：６つの視点を考えました。

1. 英語を学ぶための基礎体力をつける指導
2. 生活体験から学ばせる指導
3. 主体的で能動的な英語学習活動を支える指導
4. 学習評価が可能な「学習を見える化」するラップブックの作成指導

5. 探求型の学習をするためのプロジェクト学習指導
6. ICTを利用した英語学習指導

まずは基礎体力の充実です。英語に関して小学校では基礎体力をつける部分がおざなりになっている感があります。特に、アルファベットの習得にはもっと時間をかけるべきです。国語科でローマ字指導が行われているので、4年生で外国語活動が始まる時には児童はアルファベットに習熟していると思いがちです。ところが、現実問題として多くの児童は学校の学習時間だけではとても足りないのです。もっと時間をかける必要があるのです。

アルファベットに習熟していない児童にとって、英語の時間は何もわからなくてイライラする気持ちを抱えながら過ごす時間になっている恐れがあります。基礎体力がないのに100メートルを走らせるようなものです。基礎体力がないのに発展的な授業に進んでしまうと、やる気を失う学習者が出ますね。

そうならないように、第1部では、必要な基礎体力をつけるために「アルファベットとローマ字指導」「音声指導」「絵本で英語が好きになる指導」を取り上げています。

相談者：本当にそう思います。何事にも基礎体力をつけてからでないとうまくいきませんよね。

酒　井：基礎体力がついたら、ようやく外国語科の授業に入ります。外国語活動で最も重要なことは語彙の習得だと考えています。外国語活動で「英語を聞くこと」「英語を話すこと」を通してコミュニケーションを図る…、とありますが、意味を知らない単語の聞き取りはできるはずがありません。教科書で扱う単元の語彙をどうすれば覚えられるかに焦点を当てたのが第2部です。小学校教育の大きな特徴は、日常生活から学ぶという点です。授業が始まった時、児童の頭は英語モードになっていません。その頭にスイッチを入れるのが先生と児童で行うSmall Talkです。もちろん、英語で日付を聞いたり、天候を聞いたりするSmall Talkも大切なことですが、授業開始1分で終わります。
教科書で扱うトピックで使用される単語や表現を会話に組み込み、意味を推測させ、発音をリピートさせ、やり取りを通して英語に慣れさせ、言語活動を身につけさせる。これもSmall Talkです。
本書の掲載順にこだわらず、児童の習熟度に合わせて使用してください。教科書で扱っているトピックの主な単語は、この第2部と次の第3部でほとんど網羅しています。
第3部は主体的な学びを意識した指導です。学校の授業はどうしても学習者を受動的な姿勢にしがちです。そこで、英語や英単語の学習に能動的で積極的な姿勢を持たせるため、普段教室で指導されている方法に変化を加えた指導法を紹介します。5年生ともなると、「自己紹介」は何年もやってきてやり慣れているせいもあり，気分がのらない活動になりがちです。それを「外国人相手の自己紹介」にしてみたらどうでしょう。同じように、「将来の夢、職業」の単元では、思春期に向かう児童は自分の将来の仕事について言いたがらないものです。それならば、友だちに合った仕事を語ってもらうのならいかがでしょう。「夏休みの思い出を語る」ならば、「空想や想像の夏休み」を語らせ、しかもその話に“オチをつけてお笑いをとる活動”にさせたらどうでしょう。子どもたちは、最初は尻込みしますが、最後は英語の授業に対するワクワク感が高まること請け合いです。

相談者：とても興味深い活動ですね。

酒　井：それよりも外国語が必修になって、先生方の悩みの多くは評価をどうするかです。ペーパーテストだけの評価は小学校の外国語指導に馴染まないのは明らかです。ラップブックはその悩みを解決してくれます。また、ラップブックで指導することは、テーマを決めて調べ学習をする力、必要な情報を集める力、ポスターやラップブックにまとめる力、その作品を発表し、意見を交換し、他人の作品を評価する力です。第４部では評価の問題を解決するために、ラップブックを取り上げました。特に、SDGsとの兼ね合いもあり、食物連鎖と環境を扱ったラップブックの作り方を紹介しました。ラップブックに学校のプリントを貼る、宿題を書き込む、調べたことは何でも貼り付ける。要は、勉強の足跡をファイルにすることで、それさえ見れば勉強の振り返りになるのです。それを保護者に見せて感想もそこに貼り付けます。それを教師が見てコメントを書きます。児童の「学習の見える化」が可能となりますよね。それさえ見れば児童の学習進度もわかり、評価もでき、児童自身も保護者も納得するでしょう。

相談者：ラップブックはとても興味があり、理科か社会科でもやってみたいと思っていました。英語でもできると聞いてワクワクします。

酒　井：2019年に高等学校の指導要領が改定され、従来の「総合的な学習の時間」が「総合的な探求の時間」となりました。自分でテーマを設定し、能動的に学ぶ力を養い、解決する力をつけるということです。既に社会科や理科では前倒しの授業が始まっています。それは、高校に留まらず中学も小学校でも始まっています。諸外国ではごく普通の学習形態であり、数年前から日本でも「プロジェクト学習」として取り組む学校が増えてきています。日本語での活動なのですが、最近、「チョコレート・プロジェクト」を小学校で実践している報告をネットで見かけますが、とても好評ですね。TVの特集番組でも何度か見かけました。第５部の実践報告にあるように、日本語を使いながら英語を織り交ぜて指導すれば小学校の英語教育としても十分可能だと思います。これこそ探求型の授業と言えるのではないかと思います。

相談者：第６部で扱われている、ICTの活用としての機械翻訳はどうでしょう。意外と専科の先生からの抵抗が強いのではないでしょうか。

酒　井：2024年から本格的に使われるデジタル教科書では、読みあげ機能などが主に使われることになると思いますが、外国語教育で一番有効な使用方法は機械翻訳ではないかと思います。拒否反応の多くは、機械翻訳は学習者の外国語能力を高めはしないのではないかという考えでしょう。しかし、大学生に使わせてみて思うのですが、機械翻訳を使うと外国語運用力は格段に高まります。使ってこなかった場合と比較すると、次元が違う英文を書くようになります。この事実は小学校にも当てはまります。このことは小学校での実践が証明しています。たとえば、音声指導について言えば、そのツールである機器はカセットテープからCDとなり、今ではパワーポイントや電子黒板へと変遷してきました。それに伴い指導がどのように変化したかを考えれば、機械翻訳についても積極的に取り入れるべきだと思います。私が今まで一緒に仕事をしていた高校や大学の先生と比較すると、小学校の先生方は柔軟性が高く、機器を使うことに習熟している先生が多いという印象です。これは、小学校教育の特徴ですが、多くの教科を指導していること、電子黒板など教育機器を使っての指導に拒否反応がないことからくるのではないかと思います。小学校の先生なら機械翻訳を使いこなして、児童が好奇心を持って学習に向かう外国語の授業にしてくださると確信しています。

著者代表　酒井志延

本書中の言語活動実践に引用されている外国語教材については文部科学省の許諾を得て掲載しています。引用した教材は以下の通り。

・新学習指導要領対応　小学校外国語活動教材　*Let's Try!* ❶ ❷ 発行文部科学省

・新学習指導要領対応　小学校外国語教材　*We Can!* ❶ ❷ 発行文部科学省

目次

はじめに …… ii

本書の使い方　Q&A …… iv

第1部　英語学習の基礎体力をつける指導 ―文字、音、リズム― …… 1

Chapter 1　アルファベットとローマ字指導 …… 2

【実践】アルファベットと仲良しになろう　北野ゆき …… 4

Chapter 2　英語の音感を習得するための音声指導 …… 11

【実践】「歌」や「チャンツ」を授業で　赤井晴子 …… 13

Chapter 3　絵本・物語を感情を込めて読む指導 …… 26

【実践】教科書の物語を深く味わい、感情を込めて読む　土屋佳雅里 …… 28

コラム　英語の絵本のタイトル …… 32

第2部　語彙指導のための Small Talk …… 33

Chapter 1　学校 …… 34

1 学校の施設［校門から教室まで］〈使用単語：動作・学校の施設〉 …… 34

Words：複数形で使う単語 / ほめたり励ましたりする表現

2 学校の施設［教室の中］〈使用単語：学校の設備〉 …… 37

Words：備品 / 文房具

3 曜日と時間割〈使用単語：序数・曜日・教科〉 …… 39

Words：cleaning time/ 頻度

4 学校の先生〈使用単語：先生の呼称・性格〉 …… 42

Words：教科以外の先生 / 性格 /「スポーツをする」を表す動詞

5 住所の書き方［日本語と英語の語順］ …… 44

Words：住所・通りの言い方 /1日の時間 / 日英の信号の色

6 学校行事［4月～8月］〈使用単語：月・学校行事〉 …… 47

Words：学校行事追加 /team と club/ 早春から夏に咲く花

7 学校行事［9月～3月］〈使用単語：月・様子・学校行事 etc.〉 50
Words：学校行事追加 / 楽器 / 初秋から冬に咲く花

Chapter 2　他教科との連携 54

1 ナーサリー・ライム：「チャンツ」との連関 54
〈ST 使用単語：天気・家族 etc.〉
Words：天気 / 気候

2 調理：家庭科との連携と「世界の料理」との連関 56
〈ST 使用単語：調理法・調理器具〉
Words：野菜 / 菓子類 / 肉類 / 食事の時間

3 世界の大陸：社会科との連携と「世界の国々」との連関 59
〈使用単語：世界の大陸・世界の国々・動物 etc.〉
Words：五大陸と五大洋

4 人体：理科との連携 63
〈使用単語：人体・動作〉
Words：日本語と英語で感覚が違う単語
イラスト（body & face & eye & hip）

第3部　意欲的な語彙学習につながる主体的・対話的で深い学び 67

Chapter 1　英語で自己紹介をする指導 68

【実践①】　外国の人を相手と想定した自己紹介　　酒井志延 70
【実践②】　台湾の小学校との国際交流活動　　阿部志乃 72
Words：日本の行事 / 子どもの遊び / 遊具

Chapter 2　将来の職業について考える指導 77

【実践】　将来なりたい職業　　赤井晴子 79
Words：PC とは / リスト①職業 / リスト②性格 / リスト③やってみたいこと / 注意すべき単語：職業

Chapter 3　夏休みの思い出を発表する指導 84

【実践①】　ゆき先生の R-1グランプリ　　北野ゆき 86
Words：Warm-up の単語 / R-1使用単語

【実践②】さとみ先生のM-1グランプリ　三浦聡美 …… 90
Words：M-1使用単語 / R-1やM-1に使えそうな動詞
Chapter 4　異文化を理解する指導【色からのアプローチ】 …… 95
【実践】「虹」を使った指導　成田潤也 …… 97
Words：色 / 色の濃淡
コラム　虹の色は本当に7色なのか？ …… 102
Chapter 5　異文化を理解する指導【国旗からのアプローチ】 …… 104
【実践】国旗から世界の国々を知る　土屋佳雅里 …… 106
Words：形 / 太陽 / クイズで使う英語 / 世界の国々 / 接頭辞 / 形状
Chapter 6　異文化を理解する指導【食からのアプローチ】 …… 113
【実践】給食から世界へ　北野ゆき …… 115
Chapter 7　他者理解を深める語彙指導 …… 120
【実践】アフリカ布をつけて水運びを体験しよう！　三浦聡美 …… 122
Words：SDGsと水運び体験

第4部　語彙学習が豊かになる学習ポートフォリオによる学習評価—児童の学習を見える化するLap Book— …… 127
【実践①】ラップブックの作り方—食物連鎖—　北野ゆき …… 129
【実践②】ラップブックの作り方—環境—　赤井晴子 …… 133
【まとめ】ラップブックを学習評価にどう生かすか？　酒井志延 …… 142
Words：理科の復習 / 英詩制作用単語 / ゴミ問題 / 自然 / 環境 …… 144,145
イラスト（山、海岸線） …… 146

第5部　探究型の学びを求めて
課題を見つけ，情報を集め，子ども同士で解決する平和学習 …… 147
【実践①】人間としての成長につなげる平和学習　北野ゆき …… 148
【実践②】チョコレート・プロジェクト　その1　阿部志乃 …… 151
【実践③】チョコレート・プロジェクト　その2　北野ゆき …… 153

第6部　ICTの活用―語彙学習のギアを上げる機械翻訳― 159

【実践】機械翻訳を使って自己紹介　　北野ゆき 160

機械翻訳で語彙指導 163

【機械翻訳のトリセツ】

❶ 機械翻訳の使い方：Google 翻訳の場合 164

❷ 小学校で機械翻訳を使って学べること（レベル A） 165

❸ 翻訳機の使い方に慣れる 166

【機械翻訳の活用方法】

❹ 機械翻訳でチャンツの発音練習（レベル A） 167

❺「読み上げ機能」を使う練習（レベル A） 167

❻ 教科書に載録されている物語の続きを作る（レベル B） 168

【機械翻訳の実践例】

❼ 画像翻訳の使い方（レベル B） 169

❽ 写真や文章から感じたことを発表する（レベル A） 171

❾ 相手に通じる英文なのかの確認と問題点の対処方法（レベル A） 172

【ここまで出来る機械翻訳】

❿ 英語以外の言語に翻訳してみる（レベル C） 174

⓫ 第5部の英文レシピを和訳する（レベル C） 175

参考文献 178

おわりに 179

語彙索引

教科書で扱うトピック別語彙一覧 181

付録

食物連鎖〈森編〉語彙リスト 188

食物連鎖〈海洋編〉〈淡水編〉語彙リスト 193

著者紹介 195

本書および関連語彙一覧、写真・図版、
p.151の阿部先生の授業実践の資料は
こちらから見ることができます。▶

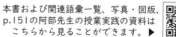

第1部

英語学習の基礎体力をつける指導
― 文字、音、リズム ―

英語が日常的に使われていない日本のような環境では、英語を習得するために継続的な学習が欠かせません。しかも、必ずしも全ての児童が英語を習得できるわけではありません。

つまずきを防ぐためには基礎体力がついていることが肝心です。何事においても基礎体力がない状態で始めてしまうと、易しいことでも難しく感じたり、「ついていけない」「つまらない」と感じて学習意欲を失ってしまうことがあります。英語学習のための基礎体力とはどのようなものなのでしょうか。次の３つは当てはまると思われます。

・アルファベットを見たとたんに,「読めない」と目を背けるのではなく、何が書いてあるのか, とりあえず読んでみようとする気持ちを持つこと

・英語の音声が流れた時に、日本語ではなく英語を話しているということがわかる程度に英語の音調になじんでいること

・易しい英語で書かれている絵本や物語の読み聞かせで、絵や先生の動作や表情を頼りにしながらも、場面や状況を理解しようとする気持ちを持つこと

第１部では、このような基礎体力をつけるにはどのような指導をすればいいのか、その実践例を示します。

Chapter 1

アルファベットとローマ字指導

ローマ字を学ぶ意味

日本の日常生活では、英語を聞いたり話したりする機会はほとんどありませんが、英語やローマ字に用いる文字のアルファベットを目にする機会はかなりあります。一方、多くの日本人はアルファベットを簡単には習得できません。なぜでしょうか。

英語教育者で小学校の校長をされていた小泉清裕先生は、「小学生に平仮名を教え、きちんと使えるようになるまでに膨大な時間をかける。他の教科でも読んだり書いたり、繰り返して使う。そうやって小学校の６年間でなんとか間違えることなく使えるようになる。母語の文字でもそうなのに、英語はそこまで丁寧に指導していますか」と指摘されています。

アルファベット教育の現実がここにあります。小学校教育でアルファベットを学習する時間は、３年生国語科でのローマ字学習と、３，４年生での外国語活動、５，６年生での外国語科のアルファベット学習です。２つの教科をまたぐ学習時間は多いように思えますが、実際は３年生国語科でのローマ字学習は年間で４時間しかなく、外国語活動では文字に触れるのみです。高学年の外国語科でようやく英語を読んだり書いたりする文字指導が少しずつ行われる程度です。アルファベット指導が丁寧に時間をかけて行われているとは言い難く、アルファベットを習熟するには無理があります。

そこで、小学校の担任制を活かして他教科と連携してアルファベット指導にかける時間を増やしてはいかがでしょう。一例として、国語科と図工と連携することで４時間を捻出し、ローマ字の基本を丁寧に指導する方法を紹介します。

Warm-up ❶

Q

藤本二郎君が、自分の名前をローマ字で書くとき、「姓＋名」で書けばいいのか、「名＋姓」で書けばいいのかを聞いてきました。それに加えて、藤の「ジ」と二郎の「ジ」は“zi”か“ji”のどちらで書くのですか、と聞いてきました。どのように答えればいいのでしょうか。

名前のローマ字表記は、「姓＋名」「名＋姓」のどちらでも書くことができます。しかし、2020年1月より、公文書での日本人の表記は「姓＋名」の順番にすると決定されました。すぐには浸透しないでしょうが、一般的に使われることが多くなると思われます。「姓」を明確にしたい場合は、姓をすべて大文字で表記することも決められています。

また、「じ」の表記はヘボン式（ji）か訓令式（zi）か？の質問については、ヘボン式（ji）と答えるのがいいでしょう。外国語活動や外国語科は英語を扱います。英語の文中でローマ字を用いる際は、英語の音に近い読み方であるヘボン式を使うことになるからです。

Warm-up ❷

Q

ローマ字に習熟すると、英単語の発音がローマ字読みになってしまいませんか。

ローマ字を学習した後では、確かに英単語がローマ字読みになる傾向はあります。ただ、ローマ字に習熟すると、全ての単語でできるというわけではありませんが、英語の読み方を推測できるようになります。少なくとも、ローマ字をマスターした方が英単語を覚えやすくなることから、初期の段階ではローマ字読みになるという欠点を補って余りあるメリットがあります。一時的に英語がローマ字読みになったとしても、英文を聞いたり読んだりすることで、自然に英語らしい発音になっていきます。

実践

アルファベットと仲良しになろう

北野 ゆき

副教材 *Let's Try 1* を使っている時は、３年生の秋ごろにアルファベット大文字の単元がありましたが、私はあえて４月に小文字からスタートしていました。小文字の方が使う頻度が圧倒的に高いこと、３年生の国語の授業で行うローマ字学習も小文字中心だからです。小文字の学習がひと通り終わってから大文字学習をすることにしています。

小学校２年生から２年間、ひらがな、カタカナ、漢字、数字など、色々な文字を学習してきましたが、アルファベットはまだ知らない相手です。知らない相手がいきなりやってきたら、そりゃあ「こわい」と感じる児童もいますよね。アルファベットってどんな文字なのか、どんな特徴があるのか、日本語の文字と比べてみたらどう違うのか、アルファベットにゆっくり楽しく近づいて、そして、仲良くなってほしいと思います。

実践概要

対象　３年生

教科　国語科＋図工

1　アルファベットと仲良しになる指導計画

《１時間目》 モールでの文字作り

ねらい　アルファベットの形を覚える

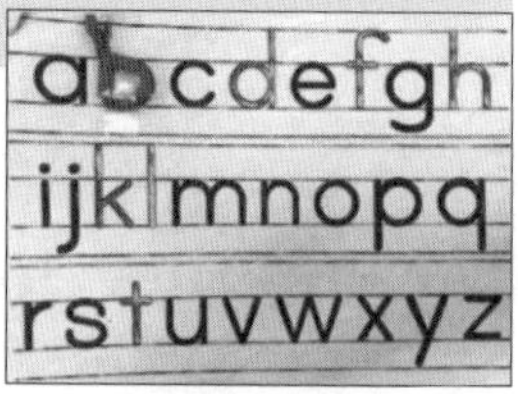

図１　モールを使う

１時間目は、きれいな色のクラフトモール

（以下モール）を使ってアルファベットの小文字を作ります。26文字を印刷した紙と、１人に１本のモールを用意します。モールで小文字を作るのですが、ａから順番に作るのではなく、簡単に作れるｃから始めます。印刷した紙を渡し、そのｃにモールを合わせてチョキン、次はｌ（エル）でチョキン。その後はｂでｌとｃのモールを使えば作れます。１本のモールを上手に使ってａ～ｚまで作れます。

ここまでの作業が済んだら大事なことがあります。アルファベットを作った後で「気がついたこと」を話し合います。ここでやって欲しいのが「日本の文字との比較」です。３年生はひらがな、カタカナ、漢字を使いこなせるようになっています。すでに知っているものとの比較なら、気がつくことはたくさん出てきます。

▶児童の気づき：アルファベットには、とめ、はね、はらいがない

大人ではなかなか出てこない発想です。漢字学習で毎日「とめ」「はね」「はらい」を間違えないように練習しているからこその気づきです。

▶児童の気づき：画数も文字の種類も少なすぎ

アルファベットは画数という概念自体ないのです。これも日本の児童にとっては衝撃で、異文化理解の１つです。ひらがな、カタカナに加えて、漢字は１年生で80字、２年生では160字、３年生では200字を学習します。毎日、新出漢字を３文字ずつ学習していくペースなのです。それなのに、アルファベットは26文字だけ。この「文字が少ない」ことに気がつくことが、日本語と違って「分かち書き」をする必要性への気づきにもつながってきます。

▶児童の気づき：そっくりな字や逆にしたら同じような字がある

確かにｉ－ｊ／ｍ－ｎ／ｆ－ｔ／ｕ－ｖ－ｗ／ｂ－ｄ／ｐ－ｑ／Ｋ－ｋ／Ｓ－ｓ／Ｗ－ｗはそっくりです。似た文字が多いから間違えや

すいのです。児童にとって区別がつかない文字は、読み書きする上でハードルが高いことを先生は理解しておく必要があります。

《2時間目》 粘土でアルファベットを一筆書きする

ねらい アルファベットを書くことにつなげる

2時間目はアルファベットの小文字を無理なく、簡単に、読みやすく書くために粘土を使って「一筆書き」をします。児童に「一筆書きができるのはどれ？」「どこから書き始めたらよさそう？」と問いかけると、粘土を使って自分で考え、合理的な書き順を見つけ出します。

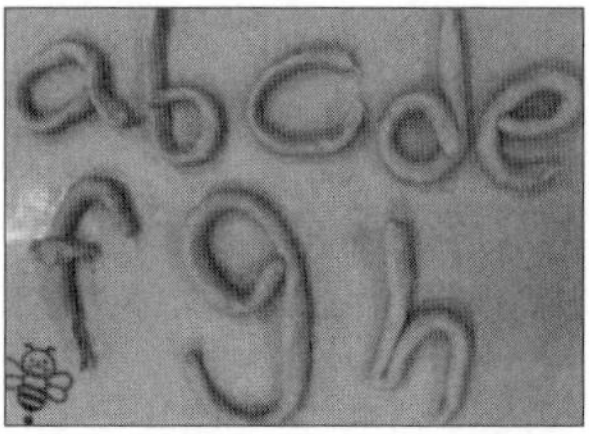

図2　粘土を使った文字作り

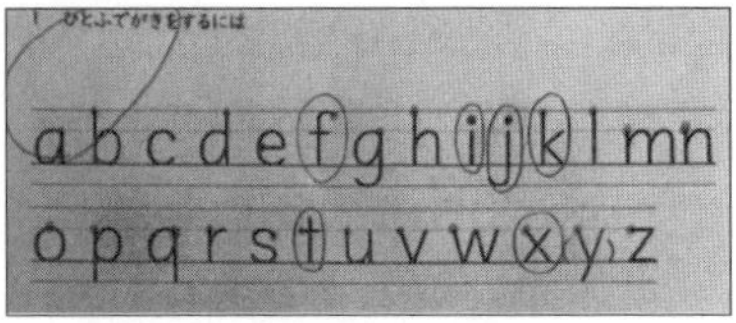

図3　児童のワークシート

図3のワークシートにあるように、小文字を書いたら一筆書きできないものに○をつけます。そして、書きだす始点に印をつけます。ひと通りアルファベットに馴染んだ後で、児童に衝撃の事実を伝えます。「実はね、アルファベットには決まった書き順はありません」。この言葉に児童は心底びっくりします。「正しい書き順で書きなさい」ということを毎日言われ続けてきているので、「そんなことってある？」とびっくりするのです。漢字は画数が多いので、書き順を知ることで正しく早く書くことができます。そのための書き順指導です。しかし、なにしろアルファベットは「画数が少ない」のです。一筆書きができてしまうくらいです。「合理的な書き方というものはあるけれど、決まってはいない」ということをここで伝えておきます。

《3時間目》　アルファベットを使って絵を描く

ねらい　アルファベットと親しくなる

図4　こわがりのｄ

３時間目はお絵描きアルファベットの指導です。まず、好きなアルファベットを１人１文字選び、マジックで紙に大きく書かせます。26人ちょうどというクラスを担当することはあまり無いでしょうから、ａが２人（つまり２枚）となったり、１人で２文字書くこともあると思いますが、大事なのはその児童が「選ぶ」ことです。「この文字は自分の一番の仲良し」と思えるための‘しかけ’です。マジックで文字を大きく書いた後は、それにつけ足して鉛筆で好きな絵を描いていきます。色鉛筆で色もつけます。机の間を回りながら「これはだれ？」「何してるの？」と話を聞いていきます。児童は嬉しそうにいっぱいお話をしてくれることと思います。色塗りが終わったら「紙の裏にこの絵のお話を書いてね」と伝えます。すると、それはそれはかわいいお話を書いてくれます。どうしても書けない場合には、いつも他の教科でもやっているように、「これはどんな人？」「何が好きなのかな？」「どこに住んでいるのかな？」と聞いてあげるといいと思います。このようにして、ただの記号だったアルファベットが「私の仲良しの（ｄという形の）、いつも優しい、いつもこわがりのｄちゃん」になるのです。

《4時間目》　アルファベットを使った絵の発表会

ねらい　認識できるアルファベットを増やしていく

授業の最初に、必ずそのクラスの誰かが書いたお絵描きアルファベットを紹介します。「今日は○○さんのアルファベットです！」と言って、スクリーンに大きく映し出し、紙の裏に書いたお話も読みます。クラスから

「うわぁきれい」「そんなの思いつかなかった。すごい」などの反応があり、拍手が自然に起こります。書いた本人は嬉しそうな、それでいて少し照れた表情をします。学級担任の先生であれば、是非このお絵描きアルファベットを教室に掲示してください。お友だちの仲良しアルファベットは、自分も仲良しになります。アルファベットとの出会いは、楽しいものであってほしいものです。

３年生国語科のたった４時間のローマ字学習で、大文字小文字52文字を一気に書き、読めるようにするというのは、児童にとっても教師にとっても辛いものです。この「アルファベットと仲良しになろう」という活動からスタートし、外国語活動の授業の中で、帯学習としてゆっくり時間をかけてアルファベットに慣れ親しんでいくといいのではないでしょうか。

ローマ字指導の具体的な内容については、「教科横断型授業を利用したローマ字指導」『言語教師教育』vol.5 pp.130-144

http://www.waseda.jp/assoc-jacetenedu/VOL5NO1.pdf

と『“先生”のための小学校英語の知恵袋』（くろしお出版. pp.209-220）に授業の進め方が書いてあります。ご参照ください。

2　ローマ字指導で見えてきたこと

ローマ字学習は英語学習に対して少なからず影響を与えています。「英語のスペリングをローマ字にして書いてしまう」のは、ローマ字学習から影響を受けていると言えるのですが、それは決して弊害ではなく、日本語を母語に持つ学習者が英語学習に慣れていくためのステップだと考えてください。ローマ字学習をしない場合より、ずっと早く英語のスペリングに慣れていきます。

そもそも、ローマ字学習は英語のためではありません。国語の学びとして日本語の音をアルファベットの文字を使って表現するだけでなく、日本語の音を客観的に理解する重要な役割があります。

《ローマ字指導を受けた児童が気づいたこと》

1．日本語の発音に気づいた！

英語は子音で終わることがあったり、子音だけで複数くっついたりすることがあるのに、日本語は必ず子音と母音がくっついていることばだ、ということに自分たちで気がつきました。そのほかの「きまり」（ローマ字での表記法）も自分たちで見つけました。「私たちの学校さつき学園の『さつき』を訓令式で書くとSatukiとなり、それを日本語に慣れていないALTの先生が読むと‘サテュキ’って聞こえる。‘つ’と聞こえるような発音にするには［tsu］の表記の方がいいって学校で教わった。それ以外にも、［shi］や［chi］などを日本語らしく読むためにヘボン式ができたんだって」、こんなことにも気づくのです。

2．駅の名前が読めない時、ローマ字を見たらわかる！

難読駅名をローマ字と一緒に見せてみんなで解読。枚方（ひらかた。「読めない人いるん？」という反応。さすが大阪の子）、喜連瓜破（きれうりわり、これも地下鉄谷町線沿線の子だから知ってる）、野江内代（のえうちんだい、これも地元だから知ってる）などから始めて、正雀（しょうじゃく）、中百舌鳥（なかもず）、河堀口（こぼれぐち）、放出（はなてん）と広げていきました。

《先生に気づいてほしいこと》

1．訓令式とヘボン式両方の特徴を活かす指導

ローマ字は日本語をアルファベットで表すことができます。つまり、ひらがなや漢字などが読めない人に対して、日本の人名や地名を読めるようにするための表記方法です。だからこそ、国語科の指導範囲となっているのです。訓令式は規則的な指導が可能で、例外が多いヘボン式より児童の

認知負担がずっと軽い方式です。訓令式をきちんと習得した児童は、それほど苦労せずにヘボン式を使えるようになります。さらに、訓令式は日本語が「子音＋母音」で構成されていることに気づかせることができます。

ただし、Warm-up ❶（p. 3）で触れたように、3年生から外国語活動（英語）が始まると、英語の音に近い読み方のヘボン式を使うことになります。

2．ローマ字学習は英語の習得につながる

ローマ字を学ぶメリットのひとつとして、きちんとアルファベットを読み書きできる児童は、できない児童に比べて圧倒的に英語の習得が有利であると言えます。たとえば、ローマ字と英語のスペリングが同じ単語（banana, tomato, pen など）や、日常使われるカタカナ語（pointo-point, tento-tent, bando-band, inku-ink, pinku-pink, doggu-dog, miruku-milk など）の習得には苦労しないでしょう。「あっ、わかった」という自信が英語習得の意欲につながります。

また、ローマ字は日本語と異なり「分かち書き」をします。分かち書きとは単語と単語の間を空けて書く書き方です。世界中でこの「分かち書き」をしない言語は日本語を含めて数カ国語だけなのです。

ローマ字同様に分かち書きをする英語の学習に大きな役割を果たします。

Chapter 2

英語の音感を習得するための音声指導

歌やチャンツで英語の音感を身につけよう

外国語活動では児童が英語に慣れることに主眼が置かれています。ところが、学校現場の現実について、私立小学校専任教員として10年の経験を持つ英語母語話者は、音声指導の難しさについて次のように述べています。「勤務校では全学年週２コマの外国語の授業があります。学習初期には、文字、発音、読むなどの基礎の指導に多くの時間が必要です。しかし、日本の教科書のローマ字指導、英語活動や授業の進度設定では、児童にとっては習得にかける時間数が不足していると感じます」。

その英語母語話者の教員が感じているのは、日本語の音体系がほぼ出来上がりつつある小学校低学年に対する音声指導の難しさです。ことばの音調（リズムやアクセント、イントネーション）の習得は、幼児段階の早い時期から身につけていくと言われています。英語には英語の、中国語には中国語特有の音調があります。この音感が身についているかどうかで言語の習得に差が出ます。だからこそ、音感をある程度自然に身につけさせようとする教員の意見は至極当然だと思います。帯活動で英語に触れる時間を増やす考え方もありますが、授業以外での時間確保は難しそうです。

そこで、英語の授業の範囲内で、英語のリズム、音の高低や強弱の感覚を身につけるのに効果的な歌やチャンツを積極的に指導しましょう。児童だけでなく、英語指導が苦手だと思っている先生にとっても効果があります。英語で話す内容を練習する習慣を続けていると、いつのまにか英語の発話が自然になります。同じように、 児童も歌やチャンツを繰り返していくうちに、いつの間にか口ずさむようになっていきます。

Warm-up ①

Q

We Can! ②のチャンツで、他の季節は１回なのに、autumn と fall の両方を発音させていました。「秋」にだけ２つの言い方があるのはなぜですか。

木の葉が落ちる季節なので、英国でも昔から秋を表すのに fall を使っていたようです。いつの頃からか、フランス語から入ってきた言葉 autumn が英国で使われるようになり、今でも英国では autumn が使われています。アメリカでも昔は英国の影響で autumn を使っていましたが、今では主に fall が使われています。小学校の７社ある英語の教科書でも、この２つを併記しているところもあれば、fall しか示していない教科書もあります。

Warm-up ②

Q

We Can! ①で１月から12月までのチャンツがありました。タコの octopus のように、「oct-」は「８」を表すと思いますが、October はどうして10月なのですか

暦が発達した古代ローマでは１年は10ヶ月しかなく、１年は March から始まっていました。October は３月から数えて「８」番目の月という意味でした。ところが、太陽の動きと暦のずれが生じ、古代ローマの将軍シーザー(ユリウス・カエサル）は、太陽の動きを基にした１年が12ヶ月あるユリウス暦に変えてしまいました。１月と２月を追加したため、３月以降は２ヶ月のずれが生じ、October は「10月」になってしまいました。２月にうるう日があるのは、新年が始まる３月の前に、余分な日を付け加えて帳尻を合わせていたためです。

教科書によっては octopus の単語が載録されており、この単語を教える時にこの月の‘ずれ’に触れる必要が出てきます。難しそうな単語でも、雑学的なことには意外と子どもたちは食いついてきます。

実践

「歌」や「チャンツ」を授業で
—いつの間にか口ずさむ歌やチャンツの指導計画—

赤井 晴子

1　歌は振付けとともに導入する　ABC ソングを歌う

ねらい　英語の音調に慣れる

授業で歌の指導をしている先生は多いと思います。ただ、歌の指導とチャンツの指導は若干異なります。基本的に、チャンツには BGM としてのメロディーはつけません。しかし、英語の音調に慣れていない児童には、メロディーがある方がとっつき易いのです。初心者の指導にはメロディーつきの「ABC ソング」を使って指導することをお勧めします。この歌は「キラキラ星」のメロディーにのせて覚えられるようになっており、YouTube で探し出せます。色々なバージョンがありますが、*Let's Try 1* の “Happy, happy, I'm happy. I can sing my ABC” を使います。歌詞に合わせた振付けを紹介します。繰り返して練習すると、歌詞が自然に出てくるようになります。

図１　Happy の振付け

図２　I'm の振付け

①　Happy の振付け（図１）

図１にあるように、両手を W のように広げて “Happy.” と言う。この年齢だと、振付けをしながら歌えば “Repeat after me.” などと言わな

くても、すぐに教師の真似をして手をWの形にあげて“Happy.”と続ける。この動作を２回繰り返す。

② I'mの振付け（図2）

胸に手を当て“I' m”と言う。クラス全員同じように胸に手を当て“I' m”と２回繰り返す。

③ 上記①と②の歌詞を振付けに合わせて連続で

“Happy! Happy! I' m happy.”と言う。クラス全員“Happy! Happy! I' m happy.”と続ける。

④ メロディーをつけ、歌詞を振付けに合わせて歌う

“Happy! Happy! I' m happy.”と言う。クラス全員“Happy! Happy! I' m happy.”と続ける。

図3　I can sing. の振付け

図4　my ABCの振付け

⑤ I can sing. の振付け（図3）

口の前でマイクを握る動作をしながら、“I can sing”と２度繰り返し、クラス全員“I can sing”と続ける。

⑥ my ABCの振付け（図4）

ABCのジェスチャーは、図４のように右手を上げて大文字のAを書く振付けにした。これも、“my ABC”と２回繰り返し、クラス全員“My ABC”と続ける。

⑦　メロディをつけず、⑤⑥の歌詞を振付けに合わせて２回繰り返す

“I can sing my ABC.”、クラス全員“I can sing my ABC.”と言って２回繰り返し、その後でメロディーをつけて歌う。それができたら、最初から通して振付けに合わせて歌う。ここまでくると全員歌えるようになる。

2　Small Talkでチャンツを導入する　英語のフレーズに慣れる

ねらい　英語の音調に慣れる

《チャンツの効用について》

歌・チャンツの効果

・心理的な抵抗を下げ、学習への興味・関心を持たせることへの効果
・外国語独特のリズムやイントネーションを繰り返し練習する機会の確保
・表現に慣れるためドリル活動として利用し、スムーズに次の活動に移行
・記憶や集中力を助ける働き
・文化的な資料としての働き

(『小学校外国語活動・外国語研修ガイドブック』文部科学省．2017.)

《Small Talkについて》

高学年の外国語のSmall Talkとは、「軽い会話」という従来の意味とは異なり、授業２回に１回ほどテーマに沿って指導者のまとまった話を聞いたり、児童同士でやり取りを行う文部科学省が推奨するオリジナルの活動のことです。

《チャンツの内容について》

６年生の「夏休みの思い出」のトピックで扱うチャンツをSmall Talkで導入する手順を紹介します。チャンツの目的は、リズムにのって英語のフレーズの言い方に慣れていくことです。チャンツのフレーズに過去形が

登場しますが、過去の思い出を発表するフレーズのために過去形が必然的に出てきたのであって、決して高度なレベルというわけではありません。内容は「週末の出来事を尋ね合う」という設定で、ティーム・ティーチングの授業を想定しています。

チャンツも英語の音調に慣れるためには効果的です。チャンツはメロディがない歌のように、単語やフレーズをリズムにのって発声するものです。学年に関係なく楽しみながら行えますが、特に、歌を歌うことに抵抗感を覚える高学年に適しているので、高学年用のチャンツを紹介します。

①【ステップ1】教師とALTのSmall Talkで新しいユニット導入

表1　板書計画

☺ I went to 若葉ウォーク with my family. I enjoyed shopping. I ate ice cream.

ALT：How was your weekend? Did you go anywhere?
教師：Yes, I did.
ALT：Where did you go?
教師：I went to 若葉ウォーク with my family.
ALT：Oh, really? What did you do there?
教師：I enjoyed shopping. And I ate ice cream.
ALT：Did you have a good time?
教師：Yes! It was great. Nice weekend!

表1では板書して文字を見せています。英語の音感を鍛える歌やチャンツの指導なのに文字を見せるのか、と疑問に思う先生もいると思います。しかし、5、6年生になると抽象的な思考力が育ってきて、文字の介在を

心地よく感じる児童もかなりいます。それ以上に、「文字も同時に読ませたい」という教師サイドの意図もあります。文字が「読める」「読めない」にかかわらず、メロディーやリズムに合わせて文字を提示することでcue（合図）としての役割も果たします。歌の出だしのタイミングは非常に重要です。そこでつまずくと発声が難しくなります。全てを文字にする必要がないと判断した場合には、絵カードや日本語を混ぜて指導します。歌とチャンツを導入した最初の時間だけでも、このようにステップを踏んで丁寧に指導してください。クラス全員自信をもって歌やチャンツを楽しむことができます。

②【ステップ2】週末をどのように過ごしたかをペアで伝え合う

教師： How was your weekend? How about you, Nakano-kun?
Did you go anywhere?
児童： Yes. I went to Kawagoe.
教師： Oh, really? What did you eat?
児童： I ate 焼きそば.
教師： Sounds fun. How about you, Masaki-san?

ペアを代えて、同じように週末のことを尋ね合う

同じ手順で何人かとやりとりします。同じ質問を繰り返すことで、聞いていて「何を質問されていて、どう答えたらいいか」に気づく参考になります。特に、学習内容についていくのが難しい児童にとっては、他の人が話すのを聞いて自らの答を導き出す手立てとなり、友だちの話をよく聞く態度を身につける練習にもなります。これを、教師が講義をして学習者が聞くという旧来型の学習ではなく、学習者同士で学ぶピア・ラーニング（peer learning）と言います。

次に、クラス全体に質問を投げかけペア活動を行います。このやりとりについては、英文の目的語となる固有名詞が日本語でも問題はありません。なぜなら、児童の語彙力は限られていますし、「正確な英語」と「話したいという気持ち」を秤に掛けたら、伸ばしたい能力は後者だからです。初めに何かを「話したい気持ち」があり、次に、その思いを英語で伝えるための英語力が必要になります。英語力は後からついてきます。

③【ステップ3】チャンツの内容を理解する

Small Talk でチャンツの内容を導入した後は、いよいよチャンツ自体の内容を理解していきます。1回目はチャンツを通して聞き、各自で内容の聞き取りにチャレンジします。2回目は、聞き取った内容を確認し合います。このチャンツで聞き取れたことを隣の人と確認し、どんなことをペアで確認できたのか発表者を募ります。この質問をすることで、ペア活動が成立していたのかということと、チャンツの内容も確認できます。

④【ステップ4】歌やチャンツが言えるようになる

音楽に合わせて歌やチャンツを一緒に言うように、クラス全員にうながしてください。ステップ1から3まで段階を踏んで、ようやく文部科学省のいう「子どもたちと一緒にチャンツを言ってみる」ことが可能になります。では、音楽に合わせて一緒に言ってみましょう。“Let’s chant!”

3　歌やチャンツのやさしい導入の仕方　歌詞の一部を発音する

ねらい　歌やチャンツの難易度を下げる

チャンツや歌を初めから終わりまで、最初から一度に言うのは負担がかかり過ぎると思われた場合は、歌詞の一部だけを発音してみるといいでしょう。

表2　質問と答でできているチャンツ例
(*Let's Try 2* Unit 2　How's the weather? p.6)

How's the weather? How's the weather? Sunny, sunny. It's sunny. “**Wow.**” How's the weather? How's the weather? Rainy, rainy. It's rainy. “**Oh, no.**” How's the weather? How's the weather? Cloudy, cloudy. It's cloudy. “**OK.**” How's the weather? How's the weather? Snowy, snowy. It's snowy. “**Yeah.** Let's make a snowman.”

チャンツを数回聞かせた後、太字の部分だけを言わせます。もっとやりたい児童には、ジェスチャーつきで情感たっぷりに言わせたり、クラスの前で歌詞に合った動作をさせるのもいいでしょう。クラスの前で何かをすることで、人前で何かを行うことへのハードルが低くなり、チャンツの活動を通して抵抗感なく発表活動に移行できるメリットもあります。また、何度も繰り返して聞かせるには、理由づけが大事です。たとえば、「最後の言葉の“Wow.”“Oh, no.”“OK.”“Yeah.”だけでも言えるようになろう」と目標を立てることで、聞く必然性を与えましょう。

4　長くて難しい歌やチャンツに挑戦　集中して何度も聞く

ねらい　難しい歌やチャンツにも積極的に取り組む意欲を保つ

教科書にある歌やチャンツの中には、内容的に複雑で、日本語を介さないと理解が追いつかないものもあります。その場合は、短い部分に集中して聞くようなクイズ形式の活動にすると、英語への負担が少なくなり真剣に取り組んでくれます。目的は「英語に集中して何度も聞く」ことです。

次ページ図５の「穴あきプリント」は注意深く見ると答はどこかに書かれているのですが、音を聞きながら（映像画面を見ながら）文字をたどっていくという練習も兼ねています。少し難しいチャンツに挑戦させることは、「最後まで粘り強くあきらめずに取り組む姿勢」を育てるには効果的です。普段は斜に構えて授業を受ける意欲が低いＴ君が、一番熱心に「もう１回聞きたい、もう１回（映像を）流して！」と積極的に取り組んでいました。このように、答を当てる嬉しさや達成感が得られるクイズ形式であれば、楽しんで参加する児童もいます。

これまで紹介した指導法でチャンツを経験した児童からの感想です。

・何回も聞いたので頭の中に残っていて、英語をよく覚えられた
・外国語の授業で楽しかったのは、さくらのやつです（*NHE* Unit 1 ♪ Hello everyone)。バーコードを読み取って毎日聞いています
・学習に歌がたくさんでてきてやりやすかった
・チャンツやフォニックス、歌が楽しくて覚えやすかった

（子どもアンケートより　2020年７月実施　対象６年生）

歌やチャンツの導入のための４つの方法を紹介しましたが、先生方が担当しているクラスに合わせてアレンジをしてください。繰り返しになりますが、英語の定型表現や単語の定着に歌やチャンツはとても有効です。どうか恐れず授業に取り入れ、活用してください。

Unit 5 Excuse me　5年 組 番　　名前＿＿＿＿＿＿＿＿

各２点	/20

Excuse me. Excuse me. Where is ①(　　　　　) station?	すみません。すみません。 緑駅はどこですか？
Midori station? Go straight for ②(　　　　　) blocks.	緑駅？ まっすぐ three ブロック行ってください。
Thank you very much.	ありがとうございます。
Excuse me. Excuse me Where is the ③(　　　　　)?	すみません。すみません。 スーパーマーケットはどこですか？
The supermarket? Go straight for ④(　　　　) blocks.	スーパーマーケット？ まっすぐ two ブロック行ってください。
Thank you very much.	ありがとうございました。
Excuse me. Excuse me. Where is the ⑤museum?	すみません。すみません。 ⑤(　　　　　)はどこですか？
Turn right at the first corner. It's on your ⑥left.	最初の角を右に曲がってください。 ⑥(　)側にあります。
Thank you very much.	ありがとうございました。
Excuse me.　Excuse me. Where is ⑦the Junior high school?	すみません。すみません。 ⑦(　　)はどこですか？
Turn left at ⑧the second corner. It's on your ⑨right.	⑧(　)つめの角を左にまがってください。 ⑨(　)側にあります。
⑩Thank you very much.	⑩(　　　　)

①ローマ字で	②数字で	③英語で	
④数字で	⑤日本語で	⑥日本語で	⑦日本語で
⑧日本語で	⑨日本語で	⑩日本語で	

図5　長いチャンツの指導用プリント

《歌やチャンツを通して、英語の音の組み合わせに気づかせる》

ローマ字を国語の時間に指導すると、児童は日本語の50音が子音と母音の組み合わせであることに気づきます。アルファベットのチャンツを使って、英語の音の組み合わせに気づかせましょう。歌やチャンツで用いられている表現は教科書の課のまとめとして行う発表活動で使う表現が多く、繰り返し発話することで表現の口慣らしにもなり、発表活動の時に困らないようにデザインされています。このことをクラス全員に実感させないと、「なぜこれが流れているの？」と不思議に思うでしょう。歌が苦手な児童は積極的に発声しなくなります。

チャンツには様々なパターンがあります。指導するチャンツの基本を理解しておくと、どんな教材でも、教科書にある絵本の読み聞かせで使用しても大丈夫です。県や全国レベルの学会報告で、チャンツ指導は CD を流して終わりという話をよく耳にします。指導をせず、CD を流すだけではうまくいかないと思います。

まずは、教科書に載っているチャンツについて把握しましょう。チャンツのパターンは次の５つに分類されます。

❶ 文字と音の一致を理解させる
❷ 繰り返し表現が多くでてくる
❸ 一定のパターンがある
❹ 質問とその答でできている
❺ 関連した単語をまとめて覚える

表３は、単語の初めの文字とその音を繋げる指導です。チャンツ「アルファベットジングル」は易しい単語ばかりです。*We Can* のチャンツの動画では単語のイラストも同時に提示されており、絵の補助があるのでチャンツの内容が理解しやすくなっています。子音で終わる cat、dog、elephant 等の語には、発音の最後に母音を入れないように注意します。

❶　表3　文字と音の一致を理解するチャンツ例
(*We Can! 1 & 2* 教材どうぐばこ　ジングル Alphabet)

A a a apple　B b b bear　C c c cat　D d d dog
E e e elephant　F f f fan　G g g goat　H h h hat
I i i ink　J j j jam　K k k king　L l l lion　M m m milk
N n n net　O o o orange　P p p pen　Q q q queen
R r r racket　S s s sun　T t t ten　U u u up　V v v vest
W w w watch　X x x box　Y y y yo-yo　Z z z zebra

❷　表4　繰り返し表現の多いチャンツ例
(*We Can! 2* Unit 2 Welcome to Japan　Let's Chant)

Winter, spring, summer and autumn
Winter, spring, summer and fall
We have festivals in spring.
You can enjoy Hanami (party). It's beautiful.

Winter, spring, summer and autumn
Winter, spring, summer and fall
We have festivals in summer.
You can enjoy fireworks. It's exciting.

❸　表5　一定のパターンで構成されているチャンツ例
(*We Can! 2* Unit 5 My Summer Vacation　Let's Chant)

Summer vacation, very nice.	
I went to the mountain.	I went to the sea.
I enjoyed hiking.	I enjoyed swimming.
I ate ice cream.	I ate watermelon.
Umm, nice vacation.	

❹ 表6　質問とその答で構成されているチャンツ例
（*We Can! 1* Unit 3 What do you have on Monday　Let's Chant ②）

What do you have on Monday?
What do you have on Monday?
I have math. I have P.E.
I have science and music, too.
Monday, Monday. Monday is fun.

What do you have on Tuesday?
What do you have on Tuesday?
I have Japanese. I have English.
I have social studies, too.
Tuesday, Tuesday. Tuesday is fun.

表６のチャンツを指導する場合は、前もって教科名を、次に曜日ごとの時間割の確認を行う必要があります。What do you have（on 曜日）？の質問については、have についての指導は５年生になってからがいいと思います。４年生以下では「何がある？」と文全体の意味として把握する程度で留めておきます。On Monday では前置詞 on や、現在使用中の教科書の中には曜日に‘s’をつけているものがあると思いますが、そのことに言及する必要はなく、「月曜日に」と意味を確認する程度で十分です。

ただ、曜日の単語をローマ字の知識だけで読ませるのは無理があります。特に、Tuesday、Wednesday、Thursday は発音やスペリングが難しいので、カナを振るようにする方法もあります。英語の授業の始まりには、今日は何日で何曜日かを言う習慣をつけたいものです。残る fun については「楽しい」と教えるだけに留めます。

《教科名を追加》

☐ arts and crafts「図画工作」
☐ home economics「家庭科」
☐ moral education「道徳」
☐ calligraphy「書写」
☐ special activities「特別活動」
☐ the period of integrated studies「総合的な学習の時間」
☐ the first period「１時間目」
☐ the sixth period「６時間目」

❺　表７　関連した単語をまとめて覚えるためのチャンツ例
(*We Can! 1* Unit 2 Twelve months　Let's Chant ②　p.13)

January	February	March	April	May	June	July	August
September	October	November	December				

カタカナ語になっている曜日に比べると、月の名前は少し難しいのですが、この段階では聞き取れること、聞き取った音をその通り言うことができればいいのです。スペリングを読めなくても構いません。

《注》Chapter 2で例示したチャンツは、小学校外国語教材で扱われているもので、多少難しい単語であっても聞き取ることを狙いとしています。そこで扱われている四季、曜日、教科名、12ヶ月を表す英単語については、全て第２部のSmall Talk で扱っています。

Chapter 3

絵本・物語を感情を込めて読む指導

抑揚の少ない日本語と違って英語を学ぶ時は、特に、ことばに感情を込めたり、身体全体を使って表現したりすることがとても大切です。そのことを練習するには絵本・物語は効果的な教材です。まずは、先生が上手に読み聞かせをすることで、児童を物語の世界に感情移入させる指導をぜひ目指してもらいたいと思います。英語を学び始めた小学生にとって、英語の物語を聞いて内容が理解できた経験は、何物にも代え難いものです。

１人１台のタブレットが支給されていることを考えると、教科書の紙面とデジタル教材のコンテンツの両方を抱き合わせて指導していく必要があります。多くの教科書で絵本・物語が載録されていますが、難易度を下げようとしたからか、紙面上では物語の一部分のみが掲載されているものが多いようです。これでは感情移入ができず、物語を楽しむまでには至りません。

一方、指導者用デジタル教材には物語の全ての絵と文字と音が映像で収録されており、内容は充実しています。使用している教科書の構成を理解し、紙面とデジタル教材の両方を提示しながら指導することが大切です。指導にあたっては、デジタル指導書のナレーションを聞かせるだけで済ませずに、先生の感情のこもった読み聞かせをすることで児童を物語の世界に引き込むことが大切です。絵本の醍醐味は、物語を楽しみ、味わうことです。単に文字指導の教材として扱ってしまうと、文字学習や語彙習得が目的となり、絵本は味気ないものになってしまいます。児童に英語の物語を読む楽しさを知ってもらうことを第一に考えましょう。

Warm-up 1

Q

英語の童話のタイトルです。日本語のタイトルは何でしょうか。

① Three Little Pigs
② The Ant and the Grasshopper
③ Little Red Riding Hood
④ The Tortoise and the Hare
⑤ The Emperor's New Clothes
⑥ Bremen Town Musicians
⑦ Snow White
⑧ Sleeping Beauty
⑨ Winnie the Poo
⑩ The Frozen

ブレーメンの音楽隊像

①三匹の子豚　②アリとキリギリス　③赤ずきんちゃん　④ウサギとカメ　⑤はだかの王様　⑥ブレーメンの音楽隊　⑦白雪姫　⑧眠れる森の美女　⑨くまのプーさん　⑩アナと雪の女王

Warm-up 2

Q

歌を歌ったり英語劇をすると、英語学習に効果があるとよく言われますがどうしてですか。

外国語学習ではまずその言葉に慣れることです。そのためには繰り返し練習することが重要です。飽きずに繰り返し練習を続けるためには、英語の歌を歌ったり、セリフを暗記して誰（何）かになりきって「演じる」ことはとても面白いものです。また、言葉に感情を込めることで、自分自身の言葉として表現することができるようになります。演じることによる擬似的な感情であっても、何度も練習することで、発音も飛躍的によくなっていきます。

実践

教科書の物語を深く味わい、感情を込めて読む

土屋 佳雅里

今回は５年生の教科書に掲載されている物語を６年生で指導しました。５年生の読み聞かせを中心とする活動に対して、６年生では物語を組み立て直すタスクを設定してみました。タブレットの導入で紙面とデジタル指導書の教材のイラスト・文字・音声情報を活かし、学年を超えて指導を行うことができるようになったからです。扱った物語はアメリカの童話“The Gingerbread Man”です。Gingerbreadとは、糖蜜とジンジャーなどのスパイスが入った人型のビスケットです。

あらすじは、Gingerbread Manはオーブンから飛び出し、おばあさんやおじいさん、動物に追いかけられながら「追いつけるもんならもっと早く走れよ！」と憎まれ口を叩きながら走って逃げていきます。川にたどり着いたのですが渡ることができません。出会ったキツネに「渡らせてあげるから尻尾に乗って」と言われ、次は背中、鼻の上、口にと言われるがまま移動して、パクっとキツネに食べられちゃった、というお話です。

デジタル教材には物語が最後まで扱われていますが、教科書にはおばあさんの焼いたGingerbread Manがオーブンから逃げ出すシーンまでしか掲載されていません。結末は児童が考える趣旨となっています。物語本来の教訓は「天狗になってはいけない」「知らない人を信用するな」なのでしょうが、デジタル教材の結末では最後にキツネに食べられておしまいとなる展開です。童話にありがちなちょっと怖い結末は、童話の魅力とも言えるでしょう。児童からは「最後が怖い」「残酷」「かわいそう」という感想がいくつもありました。これはGingerbread Manに共感を覚えた結果で、感情移入した感想が出るのは物語に浸っている証拠とも言えます。

実践概要

対　象　6年生

教科書　*Here we go! 5*　Fun time 5　英語の物語

1　基本編

（1）1回目　読み聞かせをしよう

まず、教科書の指導書通りに授業を行いました。流れは次の通りです。
①デジタル映像で通しで読み聞かせを行う。教科書の設問⑴「音声を聞いて物語を楽しみましょう。この後、物語はどうなるでしょう」に答える。
②教科書の設問⑵「ジンジャーブレッドマンの台詞を目で追いながら、音声の後について言ってみましょう」を、デジタル教材の字幕を見ながら行う。デジタル教材を合計2回視聴。1回目は最初から最後まで、途中で止めることなく一気に映像（字幕なし）を見ました。

《1回目のクラス全員の感想の一部を紹介》

- 展開を予想するのが楽しかったし、英語は難しかったけど大体わかった
- 英語を読むのは苦手だと思っていたけれど、知っている単語が組み合わされているだけなんだと思うと、少し簡単に思った
- 英語で読む時にもう少しゆっくり読んでほしい
- 字が読めなかったけれど、絵や動物の名前でなんとなくわかった
- いつか自分1人で英語の絵本を読めるように、そして、誰かに読んであげられるようになりたいです！　不思議の国のアリスなど、外国のお話をそのまま英語で読んでみたいと思いました！！

（2）ストーリーに沿って場面の順番を考えよう

2回目は適宜映像を止め、児童とやり取りをしながら見ました。たとえば、Gingerbread Man が農夫の横を通り過ぎたところで、“What comes next?（次は何が登場する？）”と尋ねたり（答：a horse)、キツネがGingerbread Man を乗せた体の部分はどこ？（答：順番に、尻尾（tail）→背中（back）→鼻（nose)）のように、一緒に確認したりしました。

デジタル教材の画面字幕を目で追いながら言わせようとしましたが、モニター画面で見るので字幕を追えませんでした。字幕を読む力には個人差もあり、教師が字幕と一緒に発話して読みやすいようにしました。また、「自分は読めている」という自信が持てるように、児童の読みを助けながら進めていきました。視聴後にグループに分かれ、バラバラのデジタル映像のページ数枚を各グループに配り、ストーリーの流れに沿って並べていきました。並べ終わったことを確認して３度目の読み聞かせをしながら、ページの順番が合っているか確かめました。しかし、３、４枚ものページを並べ直すのは難しかったようです。自力で答えを導き出そうとしたり、バラバラになった物語をもう一度作り直そうという気持ちも、物語の持つ魅力ゆえかもしれません。ストーリーが面白いと何度でも読みたくなるでしょうし、活動にも意欲的に取り組みたくなる様子が見られました。

2　発展編

(1) リピーティングとオーバーラッピング

発展編として、外国語を学んでいくための先を見据えた指導法を紹介します。慣れるまでは少し難しいかもしれませんが、クラスの実態に合わせて実施してください。デジタル教材には映像と共に音声が収録されているので、絵本を通した音声指導をぜひ意識したいものです。音声指導の効果的な指導法を紹介します。簡単なものから少しずつ導入していけば児童にも十分実施できますし、楽しい音声指導の時間になります。

◉リピーティング

デジタル指導書の字幕画面を静止して、文字を一文ずつ読み上げながら確認していきます。先生の読み上げる発音を、最初はゆっくり、ことばのまとまりごとにリピートします。

◉オーバーラッピング

大体の児童がリピートできるようになったら、「一緒に読んでみよう」と言いながら、先生の声と重ね合わせて同じスピードで読んでいきます。この重ね読みを「オーバーラッピング」といいます。はじめは難しいかもしれませんが、少しずつ定期的に行うことで、英語の感覚（語感）が身についてきます。この練習はストーリー全てを行う必要はありません。児童が読みやすい箇所だけを部分的に重ね読みさせるだけでも充分な上達が見られます。

（2）発音指導

/r/ と /l/、/f/ と /v/ などの細かい発音指導は必要ありません。デジタル教材を見ながら、その音声と同じ速度で読めるようになることが目的です。それができるようになると、児童の達成感は高まります。会話文での練習よりも、ストーリーを楽しめる物語を使った指導の方がより効果的です。

デジタル教材による絵本の読み聞かせは、確かに模範的な発音を示すことができます。ただ、デジタル教材に頼り切ることなく、物語指導では教師が自分の肉声で語ることの方が効果的です。絵本の読み聞かせ指導で一番重要なことは、聞き入っている児童の顔を見ながら語りかけることです。児童の反応を見ることで「あれっ、この単語わかっていないかな」と感じることができ、その反応を見て臨機応変に対応できるからです。

TV 番組「世界一受けたい授業」に出演した、英語の絵本の読み聞かせ指導で有名な諸木宏子先生のことばです。「日本では英語は外国語です。子どもたちはお話を知らないし、ことばもよくわからないんですよ。気持ちを込めて読まなかったら、どうやって子どもたちは感情移入します？絶対無理ですもん」

コラム　英語の絵本のタイトル

童話は時代によってかなり改変されています。残酷な結末であったり、差別的な表現が見られるものにその傾向が顕著です。英語に翻訳されている童話や絵本の原作が、英語を母語としない国のものである場合は尚更です。内容だけでなく、タイトルも翻訳される国の実情にあわせて変わっていることもあります。紀元前の古代ギリシャの寓話集であるイソップ物語には『ウサギとカメ』『アリとキリギリス』、デンマークの作家アンデルセン童話には『マッチ売りの少女』『みにくいアヒルの子』、グリム童話はドイツの兄弟が編纂したもので、『赤ずきん』『シンデレラ』『ブレーメンの音楽隊』などがあります。

- 『ウサギとカメ』: rabbit「飼いウサギ」→ hare「野ウサギ」、turtle「海ガメ」→ tortoise「陸ガメ」は小学生には難しいかもしれません。
- 『アリとキリギリス』: 原典では『蟻と蝉』だったのが、ギリシャより緯度の高い国では蝉が生息していないため、セミからキリギリスに代わっていったという話は有名です。
- 『シンデレラ』は、昔はグリム兄弟の『アシェンプテル』をそのまま訳した『灰かぶり姫』というタイトルでした。最も有名なシャルル・ペロー版では『サンドリオン、小さなガラスのスリッパ』です。スリッパがいつのまにかガラスの靴になっています。『リーダーズ英和辞典』では a pair of slippers/glass slippers「《Cinderella が履いていた》ガラスの靴」という記述があります。英語の slippers には『着脱が容易なダンス靴』という意味があるのです。シンデレラが舞踏会で外履き（shoes）で踊るはずもなく、shoes ではなく slippers（ガラスの靴）に履き替えていたことがわかります。

第2部

語彙指導のための Small Talk

母語習得は簡単なのに外国語習得が難しいのはなぜでしょう。それは、母語習得の場合、日常的に目に触れる単語を繰り返し使うからです。英語を日常的に使う環境にはない日本の学校で、それを可能にするのが Small Talk です。語彙習得に欠かせない「まとまった内容」を聞き取る前段階、「まずは語彙定着」に焦点を当てたのが第２部です。ここで示した Small Talk（以下 ST）は、教科書の各トピックで扱う単語を網羅しています。予習にも復習にも使え、学習の定着、コミュニケーションスキルの向上、英語語彙力アップにつながります。

Chapter 1では、学校に関わる ST を聞き、学校という日常の場で使用する英語表現に触れることで語彙習得が容易にできるようになります。Chapter 2では、社会科で学ぶ世界の国々や世界地図、理科で学ぶ人体、家庭科の調理実習で学ぶ料理や食材などの既習事項と、英語の教科書で扱うトピックとを連関させ、ST に取り入れることで語彙習得が効果的になるような構成としました。

英単語を身につけるには、言語活動の中で付随的に学習する方が小学生には向いています。時間をかけて繰り返し単語に触れることが必要です。

Chapter 1
学校

1 学校の施設【校門から教室まで】：動作・学校の施設

学校に関する単語を学ぶための Small Talk です。Small Talk を英語ですることに慣れていない先生は、暗記するまで練習してください。それを続けていくと英語を話す力も向上します。Small Talk は５分程度に収めるのが適切です。学習者の習熟度に合わせて分割し、２回に分けて実施するのもいいでしょう。

テーマ　You see many things when coming to school.

・準備

登校して校門をくぐり、教室に入るまでの校舎などの写真を用意し、教室に備え付けの TV やプロジェクターで映します。その設備がない場合は、英語の後に日本語訳を続けるだけでも十分です。

・紹介する文

When you come to school, you see the school gate. When you go through the school gate, you see the playground and the school building. When you walk to the building, there is the entrance for children. There is a shoe rack at the entrance, and there you change your shoes. You put your outdoor shoes into the shoe rack and put on your indoor shoes. Then, you walk down the hallway to your homeroom.

- **導入** 校門の写真を提示

T： Hello, everybody. What's this? In Japanese, OK?

S1： *Komon*（校門）.

T： That's right! In English, the school gate. When you come to the school, you can see the school gate. Repeat after me, school gate.

S all： School gate.

T： When you go through the school gate, you can see the playground and the school building.（go through がわからないと感じたら、教室のドアを開けて I go through the door. と言いながら教室の出入りを２回ほど繰り返す）When you go through the school gate, you can see the playground and the school building. When you walk to the building, there is an entrance. Then, what's this?

S2： *Shokoguchi*（昇降口、入口）。

T： Yes. The entrance for children, in English. Repeat after me, entrance.

S all： Entrance.

T： There is a shoe rack at the entrance, and there you change your shoes. You put your shoes into the shoe rack and put on your indoor shoes. What's this?

S3： *Roka*（廊下）.

T： Yes. In English, a hallway. Repeat after me, hallway.

S all： Hallway.

T： Then you walk down the hallway to your homeroom. Now, let's listen from the beginning.（紹介文を再度読む）

《使用単語：動作・学校の施設》

☐ school gate「校門」
☐ go through「通過する」
☐ playground「運動場」
☐ school building「校舎」
☐ entrance「入口、昇降口」
☐ change「変える、取り替える」
☐ shoe rack（shoe lockers）「下駄箱」（欧米にはほとんどない）
☐ change your shoes「靴を履き替える（複数形にする）」
☐ put on「身につける、履く」
☐ indoor shoes「上履き」（日本の習慣なので *'uwabaki'* でもいい）
☐ hallway「（学校や病院の）廊下」
☐ homeroom「ホームルームの教室」

《学校の施設追加単語》

☐ school office「事務室」
☐ teachers' office「職員室」
☐ auditorium「講堂」
☐ gym「体育館」
☐ swimming pool「プール」
☐ boys' room「男子トイレ」
☐ girls' room「女子トイレ」
☐ school nurse's office 「保健室」
☐ lunch room / cafeteria「食堂」
☐ library「図書室」

《注意すべき単語：通例複数形で使う単語》

☐ glasses「メガネ」
☐ scissors「ハサミ」
☐ boots「長靴」
☐ socks「靴下」
☐ pants「ズボン」
☐ jeans「ジーンズ」

《児童とのやり取りで、ほめたり励ましたりする表現》

☐ Yes. / OK. / Good. / Correct./Good job.「正解、いいね」
☐ Exactly. / That's it. / Well done.「そのとおり、よくできた」
☐ Great. / Wonderful. / Excellent. / Perfect.「素晴らしい、完璧」

2 学校の施設【教室の中】：学校の設備・備品・文房具

テーマ You see many things in your homeroom.

• **準備** 教室の中の物を見て何を紹介するかを適宜決める

• **紹介する文**

When you come into this room, you see many things. You see the platform (teacher's desk), your desks and chairs, the blackboard, windows, curtains, the clock, the TV, the projector, and so on.

• **導入** 教壇もしくは教卓の側に立つ

T： Hello, everybody,（指で教壇か教卓を指し、足でリズミカルにどんどん踏み鳴らしながら）what is this? In Japanese.

S1： *Kyodan*（教壇、教卓）.

T： That's right! In English the platform (teacher's desk). Repeat after me, platform.

S all： Platform.

T：（黒板をたたきながら）Then, what do you see?（指で黒板を指し）

What' s this? In Japanese.

S2： *Kokuban*（黒板）.

T： That' s right! In English we call the blackboard. Repeat after me, blackboard.

S all： Blackboard.

T： Many desks and chairs are there.（窓の方に行って）This is a window. When I open this window fresh air comes in.（１つの窓を指しながら）A window...（２つの窓を指しながら）two windows. Right? Windows. Repeat after me, windows.

S all： Windows.

T：（カーテンを指して）Curtains. Repeat after me, curtains.

S all： Curtains.

T： Then you walk down the hallway to your homeroom. Now, let' s listen from the beginning.（紹介文を再度読み上げる）

《使用単語：教室内の設備》

□ come into A「A に入ってくる」
□ platform「教壇」
□ teacher' s desk「教卓」
□ blackboard「黒板」（《米》chalkboard）
□ desk「机」
□ chair「椅子」
□ window「窓」
□ fresh「新鮮な」
□ curtain「カーテン」
□ clock「掛け時計」
□ projector「プロジェクター」
□ and so on = etc.「…など」

《追加単語：備品・文房具》

□《米》thumbtack《英》drawing pin「画びょう」
□ pushpin「プッシュピン」
□ plastic sheet「下敷き（欧米ではほとんど使わない）」
□ mechanical pencil「シャープペ

ンシル」
□ crayon「クレヨン」
□ pencil sharpener「鉛筆削り」
□ glue / paste「接着剤、のり」
□ school bag「通学カバン（ランドセル）」
□ ballpoint pen「ボールペン」
□ note「メモ」
□ eraser「黒板消し、消しゴム」

3 曜日と時間割：序数・曜日・教科・頻度

週の初めの日は月曜日か日曜日かをクラスで聞いてみましょう。アメリカでは昔から日曜日だと考え、ヨーロッパのカレンダーでは、なぜか月曜日が週の初めとなっています。ここでは日曜日とします。

テーマ Let's learn the seven days of the week and the subjects in English.

- **準備** （教室に貼ってある）カレンダーと時間割

- **紹介する文**

Look at the calendar. The first day of the week is Sunday. The second day is Monday. The third day is ...（以下同様に、Tuesday, Wednesday, Thursday, Friday), and the seventh（last）day is Saturday.

Then, look at the schedule. We study Japanese in the first period on Mondays. We study math in the second period on Tuesdays. We study science in the third period on Wednesdays. We study English in the fourth period on Thursdays. We study social studies in the fifth period on Fridays. Sometimes, we have lessons on Saturdays. We have no lessons on Sundays.

- **導入**　教室にあるカレンダーと時間割を指しながら

T：OK, repeat after me. The first, the second, the third, the fourth, the fifth, the sixth, the seventh.

S all：The first, the second, the third, the fourth, the fifth, the sixth, the seventh.

T：What's the first day of the week? In English or in Japanese, please.

S1：Sunday.

T：Good, then, what's the second day…（以下同様に）Monday, Tuesday, Wednesday, Thursday, Friday, and Saturday. Please remember these days of the week. *Kyoka*（教科）is a subject, so "what subjects" means　何の科目かを聞く表現です.

T：What subjects do you study on Mondays? S2-san.

時間割				
	月	火	水	
1	国語	国語	道徳	
2	算数	算数	音楽	
3	理科	図工	理科	
4	英語	図工	社会	
5	体育	書写	家庭	
6	クラブ	英語		

S2：Japanese, math, science, English, P.E. and club activities.

T：Good. Repeat after me. We study Japanese, math, science, English, P.E. and club activities on Mondays.

S all：We study Japanese, math, science, English, P.E. and club activities on Mondays.

T：What subjects do you study on Tuesdays? S3-san.

S3：Japanese, math, arts and crafts, arts and crafts, calligraphy and English.

T：Good. Repeat after me. We study Japanese, math, arts and crafts, arts and crafts, calligraphy and English on Tuesdays.

S all：We study Japanese, math, arts and crafts, arts and crafts, calligraphy and English on Tuesdays.

T： What subjects do you study on Wednesdays? S4-san.

S4： Moral education, music, science, social studies and home economics.

T： OK, repeat after me. We study moral education, music, science, social studies and home economics.

…〈中略〉

T： Good. Sometimes, we have lessons on Saturdays and we have no lessons on Sundays. OK, listen from the beginning.（紹介文を再度読む）

《使用単語：序数・週・教科》

☐ calendar「カレンダー」
☐ let's do「…しよう」
☐ learn「を学ぶ（勉強した結果として知識を身につける）」
☐ week「週」
☐ the first「1番目」
☐ the second「2番目」
☐ the third「3番目」
☐ the fourth「4番目」
☐ the fifth「5番目」
☐ the sixth「6番目」
☐ the seventh「7番目」
☐ Sunday「日曜日」
☐ Monday「月曜日」
☐ Tuesday「火曜日」
☐ Wednesday「水曜日」
☐ Thursday「木曜日」
☐ Friday「金曜日」
☐ Saturday「土曜日」
☐ last「最後の」
☐ study「を勉強する」
☐《米》schedule《英》timetable「時間割」
☐ period「（授業の）時間、時限」
☐ subject「科目」
☐ correct「そのとおり」
☐ Japanese「国語」
☐ math「算数」
☐ science「理科」
☐ social studies「社会」
☐ arts and crafts「図工」
☐ calligraphy「書写」

☐ moral education「道徳」
☐ music「音楽」
☐ P.E.「体育」
☐ home economics「家庭科」
☐ club activities「クラブ活動」
☐ sometimes「時々」
☐ remember「覚える」

《注意すべき単語：cleaning time・頻度》

☐ 休み時間：recess / 給食の時間：lunch time / 掃除の時間：cleaning time（一斉清掃は、世界の学校教育ではまれです）

☐ 頻度の目安：always「常に100%」/usually「たいてい80%」/ often「よく、しばしば60%」/ sometimes「時々30%」/ never「決して…ない0%」

4 学校の先生：先生の呼称・性格

小学校でも英語、理科、体育などでは専科の先生が教えることになりました。新任の先生方もおられるので「学校の先生」の紹介をやってみましょう。Teacher Tanaka は OK ですが、Tanaka teacher はすすめられないとまず言っておきましょう。学校に合わせて改変して使ってください。

テーマ　You see many teachers in your school.

・**準備**

先生を紹介するために写真を撮らせてもらいましょう。新任の先生や専科の先生に教わっている場合は、教科の英語名の復習を行いましょう。

・**紹介する文**

Our school has many teachers. Mr./Ms. XXX is our principal. Mr./Ms. YYY is our vice-principal. Mr./Ms. ZZZ is our music teacher. というように5、6人の先生を紹介します。

• **導入**　プロジェクターなどに校長先生の写真を映しておいて

T：Hello, everybody. Who is this? In Japanese.

S1：校長先生。

T：Exactly! In English, the principal. OK. Repeat after me, prin-ci-pal、少し間を詰めて principal、普通の発音で principal. OK, repeat after me, principal.

S all：Principal.

T：Repeat after me, this is Mr./Ms. XXX. He/She is our principal.

S all：This is Mr./Ms. XXX. He/She is our principal.

T：（音楽の先生を映して）Next, who is this in Japanese?

S2：音楽の先生。

S3：KKK 先生。

T：Exactly. This is Mr./ Ms. KKK. He/She is our music teacher. So, repeat after me. ...（このように数名の先生の紹介を続けます。最後に、事前にやってくれる児童に頼んでおいて）

T：Please come here, A-san. Now, S4-san is a teacher. Start, please.（と言って、担任の先生の写真をプロジェクターに映します）

A：This is Mr./ Ms. SSS. He/She is our homeroom teacher. So, repeat after me, this is Mr./Ms.SSS. He/She is our homeroom teacher.

S all：This is Mr./ Ms. SSS. He/She is our homeroom teacher.

このように紹介していき、余裕があれば児童に各先生の性格や特技を紹介してもらう。

（例）Ms. Yamada plays the piano very well./Mr. Tanaka is funny./Our homeroom teacher is popular with classmates.

《使用単語：先生の呼称 etc.》

□《米》principal《英》headmaster　　「校長」

□ homeroom teacher「担任」
□ music teacher「音楽の先生」
□ play the piano「ピアノを弾く」
□ funny「面白い」
□ popular「人気がある」

《追加単語：教科以外の先生》

□ vice-principal「教頭（副校長）」
□ head teacher「学年主任」
□ new teacher「新任の先生」
□ school clerk「事務職員」
□ school nurse「保健室の先生」

《性格など》

□ kind「親切な」
□ gentle「優しい」
□ polite「礼儀正しい」
□ honest「誠実な」
□ cheerful「陽気な」
□ active「元気な」

《注意すべき単語：スポーツをする》

□ play：球技やラケットを使う（例）play soccer/play tennis
□ do：空手、柔道、ヨガなど（例）do judo/do kendo/do yoga
□ 動詞形がある単語（例）ski（go skiing）/skate（go skating）/swim（go swimming）

5 住所の書き方【日本語と英語の語順】

小学生が英語を学び始めて最初に戸惑うのが、日本語と英語の語順の違いです。「私は東京に住んでいます」を、英語では I live in Tokyo. と訳します。英語では「私は→住んでいます→東京に」の語順になります。文法的な説明は中学校の範疇ですが、この語順に慣れる指導は必要です。自己紹介で自分の住んでいるところを表現したり、海外の人に手紙の宛名と自分の住所を書く時にも、そのことに気がつくはずです。

テーマ　Where ie our school?

- **準備するもの**

　学校の写真、学校がある区市町村の地図、住んでいる都道府県の地図と日本地図。

- **学校の住所**

　千葉県市川市国府台

- **紹介する文**

　This is our school. Our school is in Konodai（地区の地名）in Ichikawa（市区町村）. Ichikawa is in Chiba（都道府県）.Chiba is in Japan. So, we study in Konodai, Ichikawa, Chiba in Japan.（県を表す prefecture は使わなくてもいい）

- **導入**　プロジェクターに学校の写真を写しておく

T：Hello, everybody, what' s this? In English, please.

S1：Our school.

T：This is our school. Repeat after me. This is our school.

S all：This is our school.

T：（学校の所在地のある地図を示して）What' s this?

S2：Konodai.

T：Exactly, Konodai. Repeat after me. Our school is in Konodai. We live in Konodai.

S all：Our school is in Konodai. We live in Konodai.

T：（市区町村の地図を示して）What' s this?

S3：Ichikawa.

T：That' s right. Repeat after me. Konodai is in Ichikawa. We live in Ichikawa.

S all： Konodai is in Ichikawa. We live in Ichikawa.

T：（学校がある都道府県の地図を示して）Where is this?

S4： Chiba.

T： Good job. Repeat after me. Ichikawa is in Chiba. We live in Chiba.

S all： Ichikawa is in Chiba. We live in Chiba.

T：（日本地図を示して）What' s this?

S all： Japan.

T： Correct. Repeat after me. Chiba is in Japan. We all live in Japan.

S all： Chiba is in Japan. We all live in Japan.（紹介文を再度読み上げる）

最後に手紙の宛先の住所を英語で書かせることで、住所も日本語と逆だということに気づかせます。戸番—通りの名—都市名—州名—郵便番号の順に書きます。

Address: 11W. 53rd Street, New York, NY 10019 USA

《注意すべき単語：住所・通りの言い方》

□市の書き方は Osaka, Osaka-shi, Osaka-city のいずれでもいい

□県、府、道は英語で書く必要はほとんどありません

□road「市や町をつなぐ道路 Rd.」/street「建物や店が並んでいる通り St.」/avenue「street と交差している大通り Av.」

□郵便番号：《米》zip code《英・加》post code

《注意すべき単語：日英で感覚の違いがある単語》

□ 1日の時間：morning 午前（日の出～昼の12時）/daytime 昼間（日の出～日の入り）/afternoon 午後（昼の12時～日没まで）/evening 夕方（日の入り～就寝）/night 夜（日の入り～日の出）

□ 赤信号 red light / 黄信号《米》yellow light《英》amber light / 青信号 green light

□ 横断歩道《米》crosswalk《英》zebra crossing

6 学校行事【4月～8月】：月・部活動・季節の花

学校行事は学校の実情に合わせて、入れ替え、カット、追加してください。教科書には日本を紹介したり、外国の人たちとの交流活動に取り組むトピックなどがあります。その活動では日本の文化や季節の表現が必要になりますが、教科書には木の名前や花の名前はほとんど掲載されていません。日本を紹介する活動などで児童から花の名前などの質問が多いという声が多かったため、代表的な花の名前を加えました。木の名前については、巻末の索引食物連鎖《森編》語彙一覧（pp.188—189）に掲載しています。

テーマ　Our school has many school events.

- **準備**　学校行事の写真を用意（過去のものでも可）

- **紹介する文**

Our school has many school events. We have the entrance ceremony in April. Cherry blossoms are very beautiful then. In May, we have a field trip. The fifth graders go to Kamakura. In June, we have the sports day. It is very exciting. In July, our school has a camping school in Nagano. We have hiking and a campfire. Every student likes it. At the end of July, summer vacation starts. It is very hot in July and August. Our school has a swimming pool. We enjoy swimming.

- **導入**　入学式の写真を提示

Our school has many school events. We have the entrance ceremony in April.（桜の花の写真）Cherry blossoms are very beautiful then. In May, we have a field trip. The fifth graders go to Kamakura.（学年や行先は学校によって変える）In June, we have the sports day. It is very exciting. In July, our school has a camping school in Nagano.（学校の実情によって変更する）We have hiking and a campfire. Every student likes it.（夏休みが始まる日を赤で囲んで）At the end of July, summer vacation starts. It is very hot in July and August. Our school has a swimming pool. We enjoy swimming. OK? Do you understand ? Listen from the beginning.（紹介文を再度読み上げる）

《使用単語：月・学校行事４月から８月 etc.》

□ April「４月」
□ May「５月」
□ June「６月」
□ July「７月」
□ August「８月」
□ school event「学校行事」
□ entrance ceremony「入学式」
□ swimming「水泳」
□ cherry「サクランボ、桜の木」
□ blossom「（果樹の）花」
□ beautiful「美しい」
□ field trip「遠足」
□ grader「…年生」
□ 《英》sports day《米》field day「運動会」
□ exciting「興奮させる」
□ camping school「林間学校」
□ hiking「ハイキング」
□ campfire「キャンプファイヤー」
□ at the end of「～の終わりに」
□ 《米》vacation《英》holiday「学校などのまとまった休み」
□ hot「暑い」
□ enjoy「を楽しむ」

《注意すべき単語：部を表すには team?　club?　つけない？》

□ 教科書によって記述が違うことがありますが、運動部は team、文化部には club を使い、運動部でも剣道や柔道のように 1 対 1 で競うスポーツには club を使います。ただし、アメリカなどには学校教育の一環としての運動部はありません。バスケットなどのように学校選抜大会などが普通なので、運動部に関しては team が使われます。

□ 日本では吹奏楽部や合唱部と「部」をつけますが、band「吹奏楽」、chorus「合唱」、choir「合唱団」には楽団、合唱団の意味があるので club は不要です。

□ 日本ではラグビーなどの試合終了場面で「ノーサイド」を使いますが、英語圏では「フルタイム」が一般的です。

《季節の説明に使える早春から夏に咲く花》（■は QR に図版あり、以下同）

■ daffodil「ラッパスイセン」（ウェールズの国花）

■ crocus「クロッカス」（《英》では春を告げる花）

□ dandelion「タンポポ」（葉の形がライオンの歯に似ている）

■ anemone「アネモネ」
sea anemone「イソギンチャク」

□ mayflower「メイフラワー」（『赤毛のアン』でアンの好きな花）

□ forget-me-not「忘れな草」（和名は独語の訳語）

□ rose「バラ」（《英》《米》の国花）

■ clover「クローバー」（和名のツメクサは、江戸時代輸入ガラス製品の詰め物に使われていた）

□ lily of the valley「スズラン」

□ poppy「ヒナゲシ」（別名は漱石の小説の題名でもある虞美人草。）

■ wisteria「フジ」

■ marigold「マリーゴールド」

□ baby's breath「カスミソウ」

■ iris「アヤメ」

■ water lily「スイレン」（切れ目のある葉は水面に浮かんでいる）

■ lotus「ハス」
lotus root「レンコン」

□ sunflower「ヒマワリ」

□ morning glory「アサガオ」

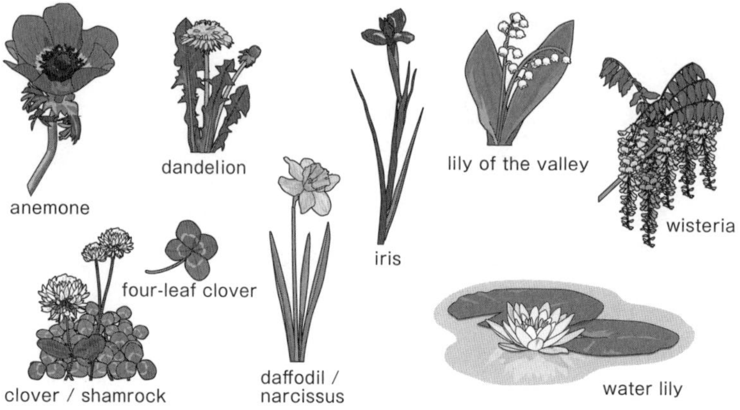

7 学校行事【9月〜3月】：月・様子・楽器・数字・季節の花

テーマ　Our school has many school events.

・準備　学校行事の写真

・紹介する文

Our school has many school events. In September, we have a fire drill. We have many earthquakes in Japan. So, fire drills are important. In October, our school has chrysanthemum festival and cultural festival. Last year my class played “Momotaro.” It was very fun. In November, our school has the soccer competition. Before it, many students play soccer in the morning and after school. In December, our school has music festival. Many classes sing good songs and some classes sing Christmas songs. They are cool! We have school marathon in January. The fifth graders run 1500 meters, it is very hard but exciting. English speech contest is held in February. Our school’s graduation ceremony is held in March. The sixth graders say “good-bye” to the school. It is a sad day.

・**導入**

T： Our school has many school events.（カレンダーを示して）In September, we have a fire drill 防災訓練. We have many earthquakes 地震 in Japan. So, fire drills are important. After that, in October, our school has chrysanthemum festival 菊花祭 and cultural festival 文化祭. Last year my class played "Momotaro." It was very fun. In November, our school has the soccer competition サッカー大会. Before it, many students play soccer in the morning and after school. In December, we see many red poinsettias at the flower shop. Our school has music festival. Many classes sing good songs and some classes sing Christmas songs. They are cool!. We have school marathon in January. The fifth graders run 1500 meters, it is very hard but exciting. English speech contest is held in February. Our school's graduation ceremony 卒業式 is held in March. The sixth graders say "good-bye" to the school. It is a sad day.

Everybody, OK. Listen from the beginning.（紹介する文を再度読む）

《使用単語：月・様子・学校行事 etc.》

☐September「９月」
☐October「10月」
☐November「11月」
☐December「12月」
☐January「１月」
☐February「２月」
☐March「３月」

☐fire drill「防災訓練」
☐earthquake「地震」
☐important「重要な」
☐cultural festival「文化祭」
☐last「最後の、この前の」
☐last year「去年」
☐play「芝居をする」

□ fun「楽しい」
□ soccer「サッカー」
□ competition「競技会」
□ flower shop「花屋」
□ festival「祭」
□ music festival「音楽祭」
□ cool「かっこいい」
□ marathon「マラソン」
□ the fifth grader「５年生」
□ hard「つらい、苦しい」
□ exciting「興奮させる」
□ speech contest「スピーチコンテスト」
□ graduation ceremony「卒業式」
□ sad「悲しい」

《学校行事追加・楽器》

□ chorus contest「合唱コンクール」
□ volunteer day「ボランティア活動の日」
□ career day「職業体験学習」
□ school trip「修学旅行」
□ general student meeting「児童総会」
□ piano「ピアノ」
□ cello「チェロ」
□ violin「バイオリン」
□ xylophone「ザイロフォン」
□ triangle「トライアングル」
□ harmonica「ハーモニカ」
□ drum「ドラム」
□ guitar「ギター」
□ recorder「リコーダー」

《季節の説明などに使える初秋から冬に咲く花》

■ thistle「アザミ」
■ balloon flower「キキョウ」（花が咲く時風船のように膨らむ）
■ dahlia「ダリア」
■ marguerite「マーガレット」
□ pink「ナデシコ」（花の色は白や赤と様々ある）
■ gladiolus「グラジオラス」
□ fragrant olive「キンモクセイ」（香りが高い）
□ four-o' clock「オシロイバナ」（夕方に咲き始める）
■ chrysanthemum「キク」
□ cosmos「コスモス」
□ rosemary「ローズマリー」（料理に使うハーブ）
■ pansy「三色すみれ、パンジー」
■ camellia「ツバキ」
□ Christmas rose「クリスマスローズ」
■ snowdrop「スノードロップ」
■ narcissus「スイセン」（ギリシャ神話で水仙になった美青年ナルキッソス）

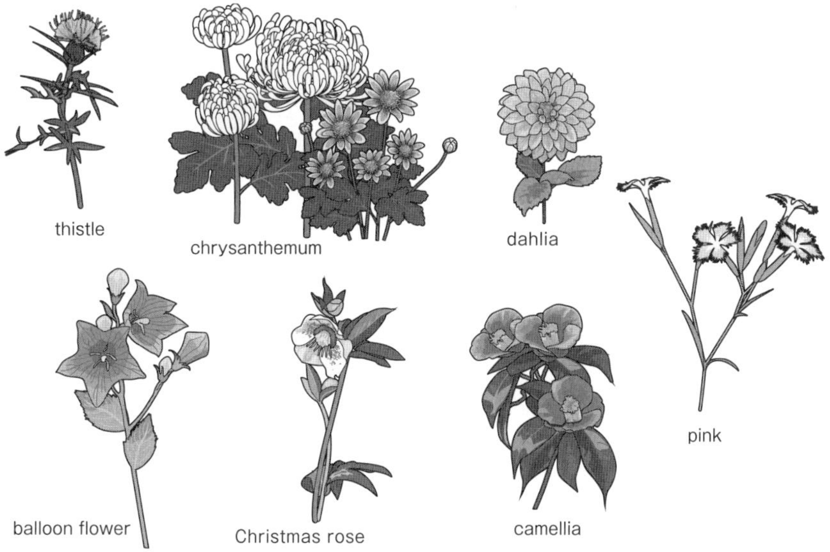

Chapter 2

他教科との連携

1 ナーサリーライム：「チャンツ」との連関

英語のリズムやイントネーション、文化を学ぶ上で欠かせないナーサリーライム（Nursery rhymes）を取り上げます。子どもの時に怪我をしたりすると、「痛いの、痛いの、飛んでいけ」と言われた経験は誰にもあるでしょう。英語では“Pain, pain, go away!”です。同じ韻を踏んだ“Rain, rain, go away!”は、雨の降った日の授業にはぴったりです。

テーマ　Rain, rain, go away. Come again another day.

- **準備**

あらかじめテーマの英語の文を黒板に書いておきます。

- **紹介する文**（訳：酒井志延）

Rain, rain, go away　雨、雨、あっちに行ってくれ
Come again another day　また今度おいでよ
Daddy wants to play　パパが遊びたいんだよ
Rain, rain, go away　雨、雨、あっちに行ってくれ
（daddy を mommy や brother、sister などに入れ替え、最後に）
Rain, rain, go away
Come again another day
All the family want to play　家族みんな遊びたいんだよ
Rain, rain, go away

・**導入**

T：（黒板かモニターの文字を示しながら）Look at this song. Daddy のところにいろいろな人を入れます。先生が指定した人を入れて読み、最後は Rain, rain, go away を繰り返します。OK, repeat after me.（1文を各3回リピートさせる）Rain, rain, go away / Come again another day/Daddy wants to play / Rain, rain, go away

S all：Rain, rain, go away / Come again another day / Daddy wants to play / Rain, rain, go away.

T：Mommy を入れて start ！

S all：Rain, rain, go away / Come again another day / Mommy wants to play / Rain, rain, go away.

――〈中略 brother / sister / baby などを順に入れて歌う〉――

T：Good! 次は All the family.

S all：Rain, rain, go away / Come again another day / All the family want to play / Rain, rain, go away

T：OK. Listen from the beginning.（紹介文を再度読む）

余裕があれば daddy や mommy の箇所を空欄にした紙を配り、思いつく人を書かせるという活動も可能です。戸外でする運動なら、高学年には Daddy 以下を my classmates と play soccer の２つの指示を与えて、My classmates want to play soccer. にしてもいいでしょう。My family と go shopping などを組み合わせて、学習者の習熟度に合わせて英語表現を楽しみましょう。

《使用単語：天気・家族 etc.》

□pain「痛み」　□another「別の、他の」

□go away「立ち去る」　□daddy「パパ」

□ mommy「ママ」
□ shopping「買物」

《Words：天気 / 気候》

□ clear, fair, sunny, fine, beautiful, nice「天気がいい」
□ cloudy「曇った」
□ rainy「雨の」
□ windy「風が強い」
□ snowy「雪の積もった」
□ hot「暑い」
□ warm「暖かい」
□ cool「涼しい」
□ cold「寒い」

2 調理：家庭科との連携と「世界の料理」との連関

テーマ They were very delicious.

・準備

家庭科室の写真と調理器具（可能なら実物、写真代用も可）。料理や調理器具の関心度は個人差があり、ほとんど知識のない子もいます。写真より実物の方が現実感があり、フライパンなど叩いて音を出すこともできるので可能なら実物を使いましょう。あらかじめホワイトボードに調理法の単語と意味を書いておいたり、TV モニターに表示してもいいでしょう。

《Words：調理法》

□ 料理する：cook 火を使う / make 火を通していなくても使える
□ 調理法：cut 切る / bake パンなどをオーブンで焼く / boil ゆでる、煮る、炊く / fry 揚げる、炒める / grill 焼き網などで直火で焼く / roast オーブンなどで大きな肉の塊を焼く / steam 蒸す

・紹介する文

We are now in our homeroom. Our school also has a home economics room and a cooking room. In the cooking room, there are spoons, pots, pans, frying pans, bottles, jars, kitchen knives, bowls, and so on. We can cut, bake, boil, fry, grill, roast, steam, and so on. In the cooking lesson, we made salad, scrambled egg and cooked rice. They were very delicious.

- **導入**

T： We are now in our homeroom（ホームルームの教室). Our school also has（家庭科室や調理実習室の写真を示し）a home economics room and a cooking room. In the cooking room,（実物か写真を示し）there are spoons, pots, pans, frying pans, bottles, jars, kitchen knives, bowls, and so on.（写真を示し）We can cut, bake, boil, fry, grill, roast, steam, and so on. In the cooking lesson,（調理実習の写真を示し）we made salad, scrambled egg and cooked rice. They were very delicious.

Everybody, listen from the beginning.（紹介文を再度読む）

《使用単語：家庭科室にある調理器具と調理法》

☐ home economics room「家庭科室」
☐ cooking room「調理室」
☐ spoon「スプーン」
☐ pot「ポット」
☐ pan「なべ」
☐ frying pan「フライパン」
☐ bottle「細口びん」
☐ jar「広口びん」
☐ kitchen「台所」
☐ kitchen knives「包丁（数種類あるので複数形)」
☐ bowl「ボウル」
☐ salad「サラダ」
☐ scrambled egg「スクランブルドエッグ」
☐ rice「ご飯」
☐ rice cooker「炊飯器」

《注意すべき単語：野菜》

☐ Halloween で飾る黄色い大きなカボチャを pumpkin と言い、食べられません。日本で食べている外側が緑色の小さいカボチャや、瓜の形をしたものは pumpkin ではなく squash と言います。

□ 茄子：《米》eggplant

□ 大根：Japanese radish / ハツカダイコン radish

□ キャベツ：cabbage / 白菜：Chinese cabbage

□ コショウ：pepper / 黒コショウ：black pepper / 唐辛子：red pepper / ピーマン：green pepper / カラーピーマン：bell pepper

《注意すべき単語：菓子類》

□ 日本語のスナックはポップコーンやポテトチップスなどの袋菓子のことですが、英語の snack は軽食のこと

□ 《米》cookie《英》biscuit「クッキー」

□ 《米》candy（チョコレートなども含む）/《英》sweet「キャンディ」

□ layer cake「layer「層」、何層にも重ねた）ショートケーキ」

《注意すべき単語：肉類》

□ 英語で動物とその食肉の呼び名が違うのは、英国がフランスに征服されフランス語が英語圏に流入し、上流階級ではその影響を受けたから。
［牛］雌牛 cow / 牛肉 beef / 雄牛 bull

［豚］豚 pig / 豚肉 pork / もも肉 ham / ベーコン bacon
［羊］羊 sheep / 羊肉 mutton / 仔羊の肉 lamb
［鶏］雌鶏 hen / 鶏肉 chicken / 雄鶏《英》cock《米》rooster

《注意すべき単語：食事の時間》

☐ breakfast「朝食」：断食 fast を破る break ことから
☐ lunch「昼食」
☐ supper「夕食・軽い夜食」：日曜日の昼に肉を食べるのは、今でも残るキリスト教的習慣で、肉を食べた日の夕食はパンとスープといった軽食で済ませ、supper と言います
☐ dinner「夕食・正餐」：一日のうちで主要な食事のこと

❸ 世界の大陸：社会科との連携と「世界の国々」との連関

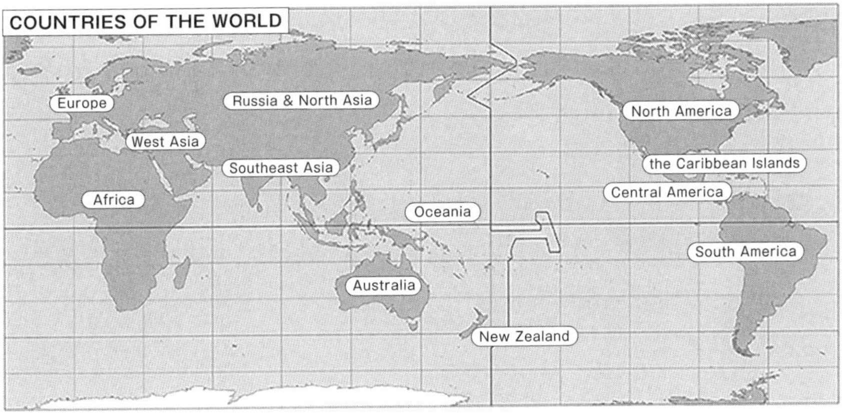

《countries of the world「世界の諸地域」》

☐ Asia「アジア」
☐ Europe「ヨーロッパ」
☐ Africa「アフリカ」
☐ North America「北アメリカ」
☐ South America「南アメリカ」
☐ Oceania「オセアニア」

テーマ Do you know the countries of the world?

・**準備** 社会科用の世界地図

・**紹介する文**

This is the world. Japan is in Asia, so we live in Asia. In Europe, there are some famous countries such as France, Germany, Spain, Italy, and so on. In Africa, various animals live such as giraffes, hippos, gorillas, cheetahs. There are more than 50 countries in Africa. Ghana is famous for cacao beans. We can make chocolate using cacao beans. In North America, the United States, Canada, and Mexico are there. In South America, Brazil, Columbia, and so on are there. Those countries are famous for soccer and good coffee. In Oceania, Australia, New Zealand and other islands are there. In Australia, kangaroos and koalas are very popular. In New Zealand, many sheep are kept. Those countries are good friends with Japan.

・**導入**

T：(世界地図を示しながら) This is the world. (アジア全体を示しながら) Then, what is this? S1-kun?

S1：アジア。

T：Yes, Asia. Repeat after me, Asia.

S all：Asia.

T：Japan is in Asia, So we live in Asia. (ヨーロッパを示して) Then what is this? S2-kun?

S2：ヨーロッパ。

T：In Europe, there are some famous countries such as France, Germany, Spain, Italy, and so on. Next, (アフリカを示して)

what is this? S3-kun?

S3：アフリカ。

T：Yes, Africa. Repeat after me, Africa.

S all：Africa.

T：In Africa, various animals live such as giraffes, hippos, gorillas, cheetahs, and so on. There are more than 50 countries in Africa. Ghana is famous for cacao beans. We can make chocolate using cacao beans. Next, (北アメリカを示して) what is this? S4-kun?

S4：北アメリカ。

T：Yes, North America. Repeat after me, North America.

S all：North America.

T：In North America, the United States, Canada, Mexico are there. Next, (南アメリカを示して) what is this? S5-kun?

S5：南アメリカ。

T：Yes, South America. Repeat after me, South America.

S all：South America.

T：In South America, Brazil, Columbia, and so on are there. Those countries are famous for soccer and good coffee. Next, (オーストラリアとニュージーランドを指し) what is this? S6-kun?

S6：オーストラリアとニュージーランド。

T：Yes, Australia, New Zealand and other islands are Oceania. Repeat after me, Oceania.

S all：Oceania.

T：In Australia, kangaroos and koalas are very popular. In New Zealand, many sheep are kept. Those countries are good friends with Japan. Everybody, OK ?

(紹介文を再度読む)。

《使用単語：世界の国々・動物・etc.》

☐France「フランス」
☐Germany「ドイツ」
☐Spain「スペイン」
☐Italy「イタリア」
☐Ghana「ガーナ」
☐the United States「アメリカ合衆国」
☐Canada「カナダ」
☐Mexico「メキシコ」
☐Brazil「ブラジル」
☐Columbia「コロンビア」
☐Australia「オーストラリア」
☐New Zealand「ニュージーランド」
☐various「さまざまな」
☐animal「動物」
☐giraffe「キリン」
☐hippo「カバ」
☐gorilla「ゴリラ」
☐cheetah「チータ」
☐rhino「サイ」
☐koala「コアラ」
☐kangaroo「カンガルー」
☐sheep「ヒツジ」
☐island「島」
☐famous「有名な」
☐popular「人気のある」
☐cacao「カカオ」
☐bean「実、豆」
☐chocolate「チョコレート」
☐coffee「コーヒー」
☐keep「飼う」

《注意すべき単語：五大陸と五大洋》

国語辞典で「世界の大陸」を、英和辞典で「continent」を引いても、辞書によって数が違ったりしていますので児童は混乱するかもしれません。大陸は本来大きな陸地のことですが、アジアとヨーロッパを分けて呼ぶこともあり、以下のようないくつかの呼び方が混在しています。オーストラリア大陸にニュージーランドを加えることもあります。

五大陸：ユーラシア、アフリカ、アメリカ、オーストラリア、南極
六大陸：五大陸のアメリカを北アメリカと南アメリカに分ける
七大陸：六大陸のユーラシアをアジアとヨーロッパに分ける

Small Talk で扱わなかった単語は、the Eurasian Continent「ユーラ

シア大陸」と the Antarctic Continent「南極大陸」です。Eurasia とは、ヨーロッパ（Europe）とアジア（Asia）を合わせて１つの大陸とみた呼称。ロシアはアジアとヨーロッパにまたがっているため、p.59の地図では地域を分けた表記にしています。社会科で扱うものに五大洋もあります。the Pacific Ocean「太平洋」/ the Atlantic Ocean「大西洋」/ the Indian Ocean「インド洋」/ the Arctic Ocean「北極海」/ the Antarctic Ocean「南極海」

4 人体：理科との連携

テーマ　Let's learn our body.

- **準備**

人体図、写真、画像（モニターで投影）など、いずれかを用意する

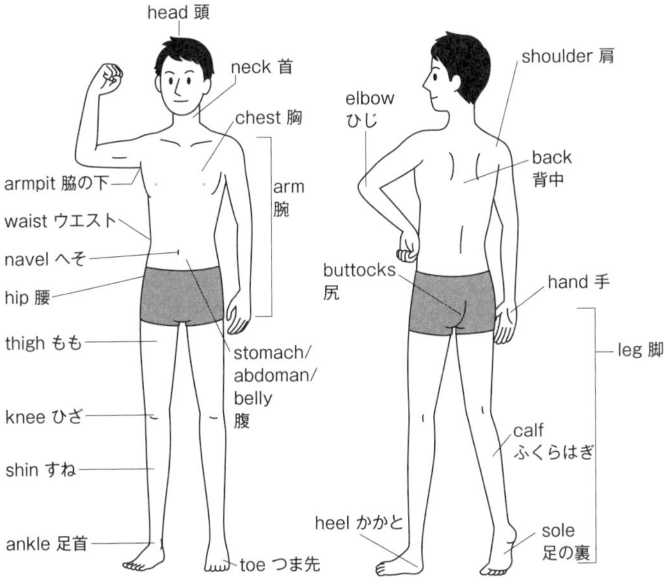

・紹介する文

Look at this picture. It is a human body and a face. This is a head. All of us have a head. We think in the head. We have eyes. We can see our classmates' performance through our eyes. We have ears. We hear our classmates' voices through our ears. We have a nose. We smell through our nose. We have a mouth. We eat food using our mouth. So, we have a head, eyes, ears, a nose and a mouth. They are very important.

・導入

T：（人体図の顔を示しながら）Look at this picture.（頭を指して）What is this? S2-san.

S2：Head.

T：Yes. It is a head. All of us have a head. We think in the head. Everybody, repeat after me, head.

S all：Head.

T：Then,（目を指して）what is this? S3-kun.

S4：眼。

T：Yes. Eyes. We have eyes. We see our classmates' performance through our eyes. Repeat after me, eyes.

S all：Eyes.

T：Then,（耳を指して）what is this? S4-kun.

S5：耳。

T：Yes. Ears. We have ears. We hear our classmates' voices through our ears. Repeat after me, ears.

S all：Ears (three times)

T：Then,（鼻を指して）what is this? S5- kun.

S6：Nose.

T： Exactly. Nose. We have a nose.（くんくんと匂いを嗅ぐ様子をする）We smell through our nose. Repeat after me, nose.

S all： Nose (three times).

T： Then, (口を指して) what is this? S6-san.

S7: 口。

T： Yes. Mouth. We have a mouth. We eat food using our mouth. Repeat after me, mouth.

S all： Mouth.

T： So, we have a head, eyes, ears, a nose, and a mouth. They are very important. Everybody, OK. Listen from the beginning. (紹介文を再度読む)

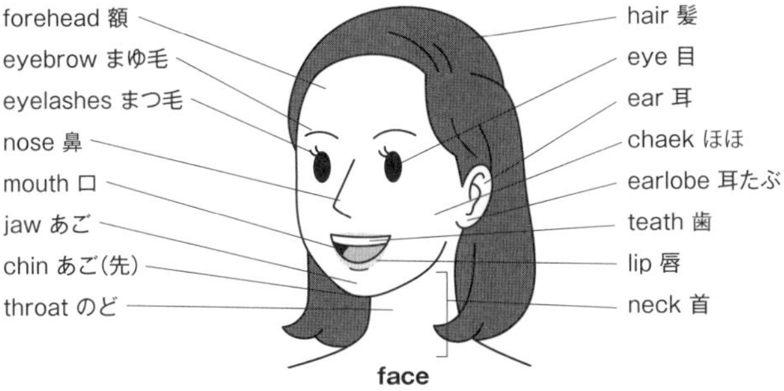

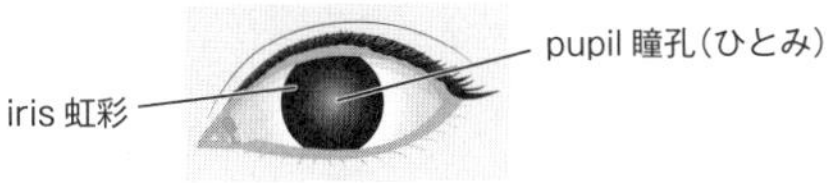

《使用単語：人体・動作 etc.》

□ picture「写真、画面、絵」
□ human body「人体」
□ performance「行動」
□ think「考える」
□ see「見る」
□ hear「聞こえてくる」
□ listen「聞きとろうと耳を傾ける」
□ smell「匂いを嗅ぐ」
□ important「重要な」

《人体用語で日本語と感覚が違う単語》

□ 英語の head は首から上の部分を指す
shake one' s head「首を横に振る」/ nod one' s head「首を縦に振る」
□ 英語の stomach「胃」
a full stomach「満腹」/ an empty stomach「空腹」
□ finger「指」は thumb「親指」以外の手の指のことで、足の指は toe
□ hip は「尻」ではなく、腰の部分の左右に張り出した部分の片方を言うので、hips と複数になることがある

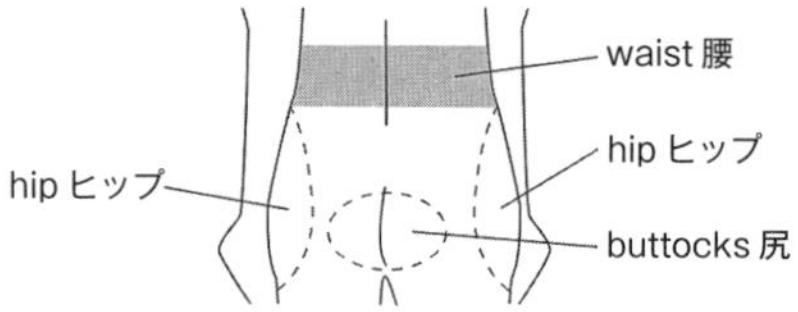

第3部

意欲的な語彙学習につながる主体的・対話的で深い学び

アクティブな学習をする意味

学年が上がるにつれ勉強嫌いになる児童が増えてきます。その原因の１つが受け身の勉強を続けてきたからではないかと考えられています。

そこで、第３部では教科書と同じトピックを扱いながらアクティブに体を動かして、友だちを笑わせたり、アフリカの子どもたちの辛さを体験して自分と違う世界があることに目を開かせ、意欲的に学ぼうとする姿勢を作る指導例を紹介します。

自己紹介では、英語で自己紹介をする必然性を設定し、台湾との交流も、辞書を駆使したり先輩に聞いたり、あらゆることを試しながら英文を書きます。職業では、自分の夢を語るのではなく、友だちの性格や得意なことから友人に向いている職業を考え発表します。「空想の夏休みの思い出」を過去形を使って漫才形式で発表し、図工との教科横断授業では「虹」を、社会科との教科横断授業では「国旗」を扱い、両者とも異文化理解に目を向ける授業です。家庭科との教科横断授業では、「世界の料理が出る給食」からその国の文化を知る活動にまで広げます。小学生でもSDGsに取り組めると考え、アフリカ布を身につけて、「水運び」を体験することからアフリカの置かれている問題を考えまました。

Chapter 1

英語で自己紹介をする指導

英語で自己紹介する必然性を設定する

教科書で扱われるトピックに「自己紹介」があります。しかも、どの教科書も５年生と６年生の最初のユニットです。入学して４、５年間も経っているのに、改めて自分のことを紹介することに気恥ずかしさもあり、「俺のこと知ってるでしょう」と言わんばかりの紹介になりがちです。知っている相手だから恥ずかしいのだとしたら、その条件を取り外せばいいのではないでしょうか。

今までも、英語の授業の中で自分のことについて英語で説明する機会はたくさんありました。しかし、その相手は多くの場合、「今まで同じ学校で過ごしてきた同級生」か「先生」です。自分を知っている人に向かって自分を説明しても、言われたからやっているという気持ちにしかなりませんよね。では、その相手が「日本語がわからない相手」だとしたら、児童の活動はどうなるでしょうか。きっとわかってもらおうとして頑張るんじゃないかと思います。

まず、日本語で話し合わせることから始めます。自己紹介は相手がいてこそ成立するコミュニケーションの第一歩なのです。学校外の人たちを交流相手として見つけることが可能であれば、学ぶ動機はグッと上がります。それが海外であれば、具体的にどこの国の人なのか、何を紹介すればいいのか、児童同士で共有することが大切だからです。何を伝えたいのかという目的さえ決まれば、外国語に対する取り組みは生き生きしたものになるのではないでしょうか。

Warm-up ❶

Q

日本語では兄（姉）と弟（妹）を呼び分けていますが、英語では年の差に関係なく、brother とだけで表すと学校で習いました。きちんと年の差を表現する言い方がありますか？

年齢による差を重んじる東アジア文化圏に比べて、英語圏では年齢による差をほとんど意識しません。兄弟姉妹だけでなく、先輩後輩といった関係もほとんどありません。日本のような、クラブの先輩と後輩の上下関係など理解されません。逆に、そのような年の差を意識する表現はおかしな誤解すら生んでしまいますので注意しましょう。

したがって、年齢による差を言う必要がある場合だけ、年が上という表現で兄（姉）は an elder brother（sister）、an older brother（sister）、a big brother（sister）のように使います。妹（弟）は a younger sister（brother）、a little sister（brother）です。

Warm-up ❷

Q

「私は５人家族です」を英語で何といいますか？

「私の家族」という表現は、アメリカ英語では単数扱い、イギリス英語では複数扱いにすることがあります。

All my family is（are）five. / My family is five people. / I have five family. / There are five people in my family. / We are a family of five. のように表します。

My families are five. とは言わないので注意が必要です。

実践①

外国の人を相手と想定した自己紹介

酒井 志延

外国人相手に自己紹介をする前提で活動を考えてみました。まず、外国の人に対して自分の家族を紹介する例を示します。

英語の例文

Let me introduce the members of my family.

Let's start with my parents. Dad's hobby is fishing, and Mom likes singing. Grandfather likes reading, listening to music, traveling, sports. Grandmother does yoga. She put my sister in a stroller and went to play. She is a heroine for my sister. Grandparents don' t like air conditioners. My sister and I are the only grandchildren for our grandparents.

日本語＋英語の例文

家族（family）のメンバー(member）を紹介（introduce）します。まずは両親（parents）からです。父（Dad、father）の趣味（hobby）は釣り（fishing）で、母（Mom、mother）は歌うこと（singing）が好きです。祖父（grandfather）は読書、音楽鑑賞、旅行、スポーツが好きです。祖母（grandmother）はヨガ（yoga）をしています。祖母は妹をベビーカー(stroller）に乗せてよく遊びに行きました。祖母は妹のヒロイン(heroine）です。祖父母（grandparents）はエアコン（air conditioner）が苦手です。僕と妹だけが祖父母の孫（grandchildren）です。

《自己紹介の注意事項》

「英語と日本語を交えて家族紹介を書いてみましょう」と言って、この紹介文をクラス全員に配り、読むように指示します。難しいと思われる単語は黒板に抜き出しておくといいでしょう。何度か読んで書く要領がわかった段階で、各自ができる範囲で書くように指示します。ただ、個人の性格や趣味を表す語彙の幅はとても広く、多種多様です。自分のことを知らない外国の人が相手だと、きちんとした自己紹介が必要です。友だち同士の自己紹介なら日本語でもいいのです。

相手が外国の人ならどうすればうまく伝わるかということを、まず母語である日本語で話し合わせることから始めます。そのような活動こそが外国語の学びになると思います。自己紹介は相手がいてこそ成立するコミュニケーションの第一歩なのです。

具体的な授業案は【実践：機械翻訳を使って自己紹介（北野ゆき）】として、第６部の冒頭に掲載しました（→ pp.160—163）。

□let me...「～しましょう」
Let me...は「～させて下さい」、let us（let’s）...は「～しましょう」です。したがって、Let me introduce...は「～を紹介します」という表現として使います。
□hobby「趣味」：特別な知識や技能が必要で、切手収集、楽器の演奏のように普通ひとりでするもの。音楽鑑賞、旅行、読書を日本語では趣味といいますが、英語の概念ではpastime「余暇」。スポーツも普通hobbyには含まれない。

《注意すべき単語：ベビーカー》

□「うば車」《米》baby carriage, buggy《英》pram
□「バギー」《米》stroller《英》pushchair, buggy
□「子どもが乗るおもちゃの車」baby car

実践②

台湾の小学校との国際交流活動

阿部 志乃

台湾の小学校との交流は、外国の学校との交流活動「テディベア・プロジェクト：ぬいぐるみを通して海外留学を疑似体験する」が始まりで、『ワクワクする小学校英語授業の作り方』（大修館書店）に紹介されています。この活動を通して誰もが生き生きと英語を書き始めるようになりました。さらに交流を広げ、紙製の人形を交換する「フラット・スタンレー」を始めました。この交流も好評で、直接外国の小学校との交流に踏み切ることにしました。

1　自己紹介の本番が来た！

交流相手に自己紹介レターを送ることになりました。どんなことを書けばいいのかクラス全員で相談します。自分の名前はもちろん、あとは何を伝える？　住んでいるところ、年齢、誕生日、好きなもの、趣味、様々なアイデアが児童から出てきます。今まで英語でどんな表現を練習してきたっけ？　どんな英文が使える？　ここで使えるのは手元にある教科書です。

習っていない単元の英文を使うことはOKでしょうか。習っていない単元の英文でも、教科書を見てわかるのであれば使ってもいいのではないでしょうか。もちろん、教科書の指導は大切ですが、学習内容の順番は大人が決めたもので、学習者が習いたい順番には並んでいません。国際交流の中で実際に使ってみた後で、改めて教科書に戻ってその表現を学ぶという順番でもいいのではないかと考えています。「あ、これ、あの時に使った文だ」と実感を持ってその内容を学ぶことができます。

2　英語の辞書や翻訳ツール

I live in … . や I am 11 years old. My birthday is … . といった表現は、それほど内容が変わることがないので、全員で一緒に確認しながら書くことができます。しかし、I like … . といった表現は、1人ひとり言いたい内容が違います。「先生、○○って英語でどう書くの？」という質問が教室のあちこちで上がります。この時、その英訳をして回ると教師が質問攻めにあってパンクします。また、授業で先生がいないと英文を作ることができない事になり、作業もストップします。そこで、自分で使いたい英語を調べられるようにすること、クラスみんなで助け合って活動を進めていくことが大切です。

図1　日本の子どもの作品

このような時こそ、英語の辞書を使う絶好の機会になります。特に、和英辞典は強力なツールになります。辞書の使い方を指導しなくてはと考える先生もいるかもしれませんが、国語辞典などで「辞書の使い方」については既に学んでいます。その知識を応用しながら、まずは和英辞典を「必要に迫られて試行錯誤しながら使ってみる」という体験が、活動を自立させるきっかけになります。

次に、「この英語で相手は本当にわかってくれるかな」と声をかけます。

本物の相手がいる場合、自分の伝えたいことが本当に相手に通じるかどうか不安です。どうやって確かめたらいいのか、そこを自分たちだけで考えさせましょう。ALT の先生に確認、家族に相談、調べた英語を今度は英語→日本語に訳してみるといったように、様々な方法を使って英語を確かめようとします。先生はそれをサポートするだけで十分です。

3　本気になって英文を読む

台湾から送られてきた自己紹介の手紙にみんな大喜びでした。相手の名前は何か、何が書かれているのか興味津々です。あらかじめ先生が英語を訳して手紙を紹介することもできますが、先生に頼らずに書かれている内容を読み取るにはどうしたらいいか、まずは自分たちで考えさせましょう。中には読めないことにフラストレーションを感じることもあるでしょう。しかし、この「読みたい」という気持ちが何よりも大切です。

Ｉ人で取り組むのは大変ですが、グループで知恵を出し合って読んでいくと、小学生でもある程度の内容を理解することができます。「自分たちで読めた！」という経験は、児童にとって大きな自信や達成感につながります。家族や知り合いに協力をお願いするのもいいと思います。また知り合いの中学生や高校生を頼ってもいいでしょう。学校外でも外国語をテーマにした会話が生まれます。英語を勉強している先輩の姿を見て、英語がわかれば相手が伝えたいことを理解することができるのだ、ということを肌で感じることができます。

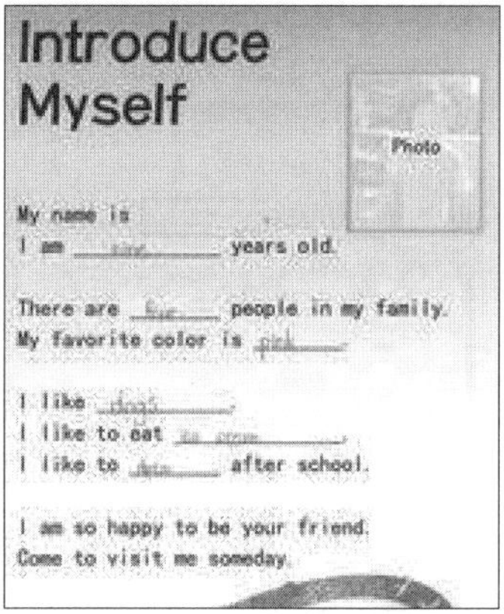
Introduce
Myself
Photo
My name is
I am ______ years old.
There are ______ people in my family.
My favorite color is ______.
I like ______.
I like to eat ______.
I like to ______ after school.
I am so happy to be your friend.
Come to visit me someday.

図２　台湾から来た手紙

3　日本文化を紹介する

交流の中で、お互いの文化を紹介することになりました。児童にとっておそらく初めて「自分たちの文化」について真剣に考える機会になるはずです。台湾の友だちに紹介したいものは何か、様々なアイデアを出し合ってそれについて紹介するグループを作ります。コツは「紹介したいものが同じ」グループを作ることです。これが先生が決めたものや多数決で決めた不本意なものだと、気持ちが乗らないからです。「自分が紹介したいもの」だからこそ、相手に伝えるために頑張ることができるのです。

この文化紹介の活動になると、教科書に書かれている英文だけでは足りませんし、小学生の英語力では伝えることにも限界があります。どうやったら相手に内容を伝えることができるか児童自身に考えさせます。写真やイラストを駆使してポスターや紙芝居にして表現したグループ、ジェスチャーを使って表現したグループもいました。たとえば、「相撲」を紹介するために自分たちで土俵を作り、相撲を実演した動画を作成したり、「寿司」を紹介するために実際に玉子焼きを作り、簡単な日本語を使いながら寿司を握った動画を送ったこともありましたが、十分に理解してくれました。また、自分たちがよく遊んでいるゲームを紹介するグループもありました。ゲームは興味のある文化の１つです。運良く台湾でも同じゲームが流行っていたので大いに盛り上がりました。

4　世界の英語を知る

今回の交流を通して、台湾の英語のレベルの高さに驚いたようでした。英語を学んでいるのは日本だけではありません。世界の様々な地域の児童が外国語として英語を学んでいます。国際交流を通して同年代の話す英語を知り、自分たちと比較することも大切な経験です。その経験を通して、外国語を学んで世界のことを知りたい、世界の人とコミュニケーションをしたいという気持ちを育むことが重要だと信じています。

《Words：日本の行事》

- □New Year「お正月」
- □Doll’s（Girl’s）Festival「ひな祭り」
- □Children’s Day「こどもの日」
- □Star Festival「七夕祭り」
- □New Year’s Eve「大晦日」

《Words：子どもの遊び》

☐ cat's cradle「あやとり」
☐ arm-wrestling「腕相撲」
☐ tag「鬼ごっこ」
☐ hide-and-seek「かくれんぼ」
☐ top-spinning「コマ回し」
☐ rock-paper-scissors「じゃんけん」
☐ 《米》jump rope《英》skipping rope「なわ跳び」
☐ coloring「塗り絵」
☐ drawing「お絵描き」
☐ play house「ままごと」
☐ shooting game「射的」

《Words: 遊具》

☐ monkey bars「雲梯（うんてい）」
☐ seesaw「シーソー」
☐ 《米》jungle gym《英》climbing frame「ジャングルジム」
☐ flower bed「花壇」
☐ sandbox「砂場」
☐ slide「すべり台」
☐ bars「鉄棒」
☐ swing「ぶらんこ」

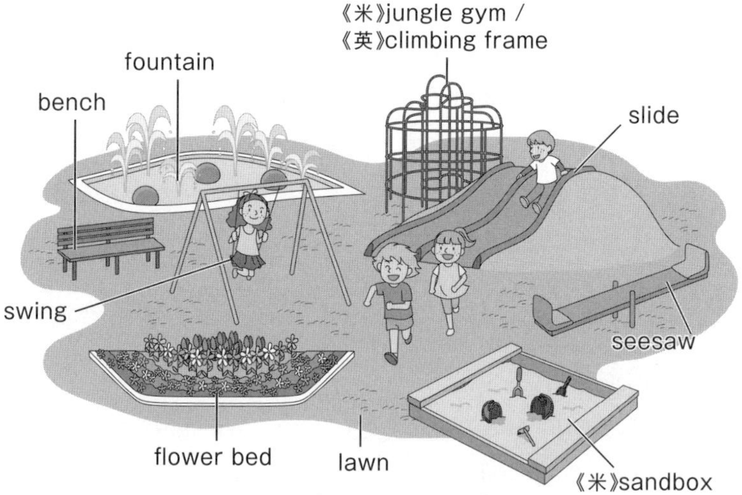

playground

Chapter 2

将来の職業について考える指導

児童が本心を言いたがらないなら視点を変える

自分の将来の職業を考えることは重要ですが、小学校の活動ではそのことを主目的にしなくてもいいのではないでしょうか。英語の時間に将来なりたい職業を発表させる授業の目的は、いろいろな職業の英語名がわかること、I want to be ... . を使って何になりたいのかその理由を言えることができればいいのです。ところが、得てしてパターンプラクティスになりがちです。

そのことから、将来の夢を語らせることから始める授業に切り替えたとしても、意外と上手くいかないものです。友だちにからかわれたくないため、夢があっても言いたくないし聞かれたくないと思うのか、クラスの前で発表させる活動では中身はおざなりなものになりがちです。人前では本心を言いたくないのです。勉強のプレッシャーや、なんとなく感じる甘くない現実、他の人から否定的な意見を言われたくないと思うからなのでしょう。

そこで、視点を変えて自分の将来の職業ではなく、「友だちにふさわしいと思われる職業を伝えよう」という活動にするのはどうでしょう。活動の目的は友だちの良いところを発見して職業と結びつけるのです。この活動には職業を表す単語の知識と、友だちを観察して、性格や得意・不得意なことを表現する必要があります。ハードルを低くするために、職業を表す単語や性格を表す表現を用意しておけばいいのです。友だちの性格を考え、彼（彼女）に相応しい職業を考えることは、自分自身の性格や長所、適性を見つめ直すことにつながります。

職業を考える授業をひと味違ったものにしませんか。

Warm-up ❶

Q

「店」を表す shop と store はどう違うのですか。

Shop には《英》店、小売店、《米》小規模の専門店のように使われ、store は《英》大型店、百貨店、《米》店と使い分けているようです。つまり、「店」というとイギリスではを shop 使い、アメリカでは store が使われるようです。ただ、それ以上の違いがあるようで、shop には「仕事場」「作業場」という意味があり、花を切って花束を作ったりする flower shop、プレゼントをきれいに包装したりする gift shop、自転車（bike）の修理をしたりする bike shop のように、作業を伴う店に使っているようです。

一方、store には「保管場所・倉庫」という意味があるので、仕入れてきたものをそのまま売る convenient store のような店に使う傾向があります。

Warm-up ❷

Q

昔の「スチュワーデス」は、最近では cabin attendant「キャビンアテンダント」と呼ばれていますが、なぜですか。職業を表す言葉ではどんな職業が言い換えられていますか。

社会的に弱い立場の人たちを差別する表現を改め、中立的な「政治的に正しい」（political correctness）表現にするためです。

・性差別：既婚・未婚の区別をするのをやめる
　Mrs., Miss → Ms.
・性差別：女性を表す名詞語尾をやめる
　actress「女優」→ actor「俳優」で統一
・性差別：「man」を「人間」「人」の意味で使用をやめる
　man → human beings
　policeman → police officer「警察官」
　mailman、postman → mail（letter）carrier「郵便配達員」

実践

将来なりたい職業

赤井 晴子

３年生の社会科で地域の人たちのことを学習する時に職業について学び、学年が上がるにつれて身近な人から世界へと徐々に視野を広げていきます。その過程で、様々な職業に興味を持つと同時に、自分の適性を理解するようになっていきます。今までだと職業について調べ学習の宿題を出し、次の時間に自分がなりたい職業とその理由を述べなければなりませんでした。しかし、自分の長所や得意な分野を話すのは恥ずかしいし、自慢していると思われるのではないかと気が引けます。なりたい職業を言ったことでからかわれたり、いじめの対象になるのではないかと躊躇します。

その心配を取り去るために友だちに登場してもらうのです。友だちが自分の長所を言ってくれた、こんな職業に向いていると言ってくれた、という形式で発表するのです。つまり、友だちが言っているのであって、自慢しているわけではないという言い訳を用意してあげるのです。この方法だと、意外と素直に発表するのです。自分の良いところを自分でアピールせずに済みますし、それ以上に、「自分の良さ」や「適性」を聞くことで、自分では気がつかなかった長所や可能性に気づく機会にもなります。

1　指導案⑴：友だちにふさわしいと思われる職業を伝えよう

目標：友だちの良いところを発見して職業と結びつける

授業前

宿題：職業名リスト①とクラス全員の名前を書いたプリントを配布する。

そのプリントの名前のところに長所を短い言葉でいくつか書いてから、リスト①を参照し、その人に向いている職業も書いてくることを指示する。向いている職業がなければ、機械翻訳などで探してもかまわないとは伝えるが、可能な限りリストの中で探すように指示する。

授業時

用意する物：Ａ５サイズの紙／ポストイット（１人４枚）
事前準備：紙に自分で名前を書いて教室の壁に貼る

授業の流れ：

１．４、５人のグループを作る。
２．ポストイットを１人４枚ずつ配る。
３．自分以外のグループメンバー１人に対して、宿題のプリントを参考にポストイットにコメントを書く。
（例）“You are good at singing. You can be a singer!”
このように、その友だちがどんな職業に向いているのか、「〇〇さんは～ができるから、～が得意だから、（性格が）～だから、～の仕事が向いていると思います」のように、書き方の指示を出しておく。
４．コメントを書いたポストイットを壁のグループメンバーの紙に貼る。恥ずかしさから相手を茶化したり、けなしたりするコメントは絶対に書かないように注意する。１人当たり３、４枚の書き込みがあるようにする。ポストイットへの書き込みが少ない子に対しては、グループの子にそれとなく書くように促す。

文が作れない児童に対しては、次のように日本語で話をするとことばの意味が理解しやすくなり、文を作る際の負担が減る。
「髪の毛をセットする」は set hair と言うよ
「悪者をやっつける」は beat the bad guys だよ

2　指導案⑵：町の人や町にある店のことを知ろう

授業の流れ：

1．グループを作る。

2．町にある店について調べる。

3．リスト①、②、③を参考にして、店が何をするところか考える。

4．グループ毎に（例）の文章にならって発表する。

（例）コンビニの仕事

・There is a convenience store in my town.

・What do the convenience store do

・They sell goods.

各グループの反応を観察して、難しいようであれば日本語の発表に切り替える。文法的な誤りは指摘せずに、They making bread. と言った場合は、Oh, they make bread. のように言い直すだけにします。間違いを指摘するのは、明らかに事実と違う場合だけにします。

《リスト①：将来なりたい職業》

□「漫画家」cartoonist　□「大工」carpenter　□「アイスクリーム屋」ice cream shop staff　□「デザイナー」designer　□「ペットショップ店員」pet shop staff　□「宇宙飛行士」astronaut　□「動物園職員」zoo staff　□「運転手」driver　□「エンジニア」engineer　□「パイロット」pilot　□「キャビンアテンダント」cabin attendant　□「バレリーナ」ballerina　□「漁師」fisher　□「販売員」salesperson　□「教員」teacher　□「花屋」florist　□「パン屋」bakery staff　□「看護師」nurse　□「美容師」hairdresser　□「保育士」nursery teacher　□「医師」doctor　□「遊園地スタッフ」amusement park staff　□「消防士」fire fighter　□「ケーキ屋」cake shop staff　□「スポーツ選手」athlete　□「主婦・主夫」house keeper　□「獣医」vet

【リスト②：性格】

□「元気な」active　□「勇敢な」brave　□「友好的な」friendly　□「面白い」funny　□「優しい」gentle　□「誠実な」honest　□「親切な」kind　□「礼儀正しい」polite　□「内気な」shy　□「頭がいい」smart　□「強い」strong　□「たくましい」tough　□「かっこいい」cool　□「陽気な」cheerful　□「かわいい」cute

【リスト③：やってみたいこと・仕事】

□「漫画を描く」draw manga　□「火と戦う」fight fire　□「スポーツをする」do sports　□「アイスクリームを作る」make ice cream　□「人を助ける」help people　□「家を建てる」build a house　□「車を運転する」drive a car　□「冒険家になる」become an adventurer　□「電車を運転する」drive a train　□「ポスターをデザインする」design a poster　□「歴史を教える」teach history　□「機械を組み立てる」assemble a machine　□「ジェット機を操縦する」fly a jet　□「髪をセットする」set hair　□「宇宙船に乗る」ride a spaceship　□「バレーをする」perform ballet　□「悪者をやっつける」beat the bad guy　□「子どもの世話をする」look after kids　□「病人を助ける」help the sick　□「花を活ける」arrange flowers　□「商品を売る」sell goods　□「魚を売る」sell fish　□「運動する」do exercise　□「家事をする」do housework　□「ガソリンを売る」sell gas　□「金を預かる」keep money　□「動物の世話をする」take care of animals　□「映画を上映する」play a movie　□「夕食を準備する」prepare meal for dinner　□「食事を提供する」serve foods　□「物を作る」make things　□「郵便を配達する」deliver mails　□「絵を展示する」exhibit pictures　□「靴を修理する」repair shoes　□「おもちゃで遊ぶ」play with toys　□「果物屋で働く」work for a fruit store

3　まとめ

このユニットは自己紹介と級友から見た自分の　‘いいとこ探し’（自己肯定感の確立）です。自分の能力を冷静に見る力、人からのアドバイスに耳を傾ける力などが求められます。様々な手法でこのようなスキルを身につけてもらいたいと思っています。外国語科の教科書では、「将来なりたい職業」をトピックで扱う前に、「夢に近づく時間割」「自分たちの住んでいる地域・町」などを扱う構成になっていたりします。社会科でも、いつも自分がお世話になっている近所の人たちがどのような仕事をしていて、そのことで私たちがどのように助けられているのかをすでに学習しています。他教科との連携による指導は、小学校だからこそできるアプローチです。徐々に視野を広げていって、その過程で自分の適性を知っていきます。これが小学校でできることです。興味・関心は年齢と経験を積むに従って変化していきます。児童の成長に合わせて、無理のない授業をするべきです。それが自立にもつながります。

《注意すべき単語：職業》

□ photographer「カメラマン」/ camera operator「撮影技師」

□ bank clerk「銀行員」/ banker「銀行の幹部」

□ farmer「農場主、農業経営者」

□ trainer「（スポーツ選手の）トレーナー、コーチ」

《英》tralners（training shoes）「トレーニングシューズ」、「スニーカー」とも訳すが、《米》では sneakers という

㊟衣類の「トレーナー」は sweatshirt

Chapter 3

夏休みの思い出を発表する指導

過去形の指導は「空想の夏休み」で

多くの教科書では、「夏休みの思い出」の単元で動詞の過去形を指導します。夏休みの思い出は過去形を指導するのにはとてもやりやすい話題なのですが、夏休みの話は家庭環境が大きく関わることもあり、扱いに注意が必要なテーマです。「夏休みにどこにも行っていない」「何もしていない」という児童は大勢います。受験のために塾にしか行っていない、家の事情で旅行に出かけなかったなど、扱いが難しくて悩んでいらっしゃる先生が多いようです。そのため、過去形の指導を修学旅行とか遠足に替える先生もいます。ただ、教科書のトピックと違ってしまうので、夏休みの思い出を使って過去形の指導ができないかと悩んでおられる先生も多いのです。

そのような試行錯誤の末、北野先生の「R-1グランプリーナンセンスな夏休みの報告」が生まれました。空想・想像の世界、ナンセンスで笑える夏休みの発表でクラス全員が乗ってくること請け合いの授業です（注：「R-1グランプリ」とは、面白い1人芸を競うTVの人気番組)。それを参考にして、三浦聡美先生は漫才のように掛け合いをするM-1グランプリの授業を思いつきました。R-1グランプリやM-1グランプリでの語彙学習は、遊びの形を借りた学習なのです。

このR-1＆M-1では、発表者は何が受けるかあれこれ考え、色々な英単語を辞書などを駆使して調べて練習します。聞く側も未修の語彙も発表者のパフォーマンスで理解します。この経験こそが大切で、未修の語彙に対して神経質にならなくなるでしょう。

Warm-up ❶

Q

日本語でも笑い方によって言い方が変わります。「笑い」を表現する英語を教えてください。

写真などを撮るとき“Say, cheese”と言って「ほほえむ」のがsmileです。「声を出して笑う」のがlaughで、「(歯を見せて) にこっと笑う」のがgrinです。R－1やM－1で起きる「爆笑する、思わず吹き出す」というのはburst into laughterです。

Warm-up ❷

Q

R-1はひとり芸で、M-1は漫才？ですね。英語で何と言えばいいのですか。

アメリカでは、「1人で笑いをとるしゃべくり」をstanding comedyと言いますが、漫才のように2人でしているものはあまり見たことがありません。ただ、英和辞典ではa straight man「(喜劇の) まじめ役、つっこみ役」が載録されていますので、かけあい的なことは喜劇で行われたと言えるようです。残念ながら、「ボケ役」を表す単語が見つかりませんでしたので“*bokeh* role”でどうでしょうか。

『はらぺこあおむし』のEric Carleさんの“The nonsense show”(ありえない) という、まさにナンセンスな絵本があります。ネズミが猫を捕まえたり、泳げない魚やバナナの中で大きくなったアヒルなど、ナンセンスが詰まっています。R－1やM－1は「ありえない話」の点で共通するので、“a nonsense show”と言えると思います。もしくは、笑わせることが目的なので“comedy show”でもいいかもしれません。

実践①

ゆき先生のR-1グランプリ

補足解説は
こちら

北野 ゆき

R－１やM－１をするのはいいが、自分の発表がお笑いの対象になるのを嫌がる児童がいるのではないかと心配したり、お笑いを授業で扱うことに抵抗がある先生がいらっしゃると思います。３年生まではほとんどの児童はお笑いの対象になることを気にしません。しかし、高学年になると嫌がる児童も出てきます。その反面、大抵の児童は「自分の発表でウケタイ」という気持ちを持っています。その気持ちを活かすのです。

《初めて取り組む先生のために、R-1の簡単な「いいとこ」紹介》

・発表者のボケ（ナンセンスなところ）はどこだろうと必死で聞きます
・発表者はボケがわかってもらえるにはどうしたら受けるだろうと工夫します。ゆっくり言う／わかりやすい言葉を使う／ジェスチャーをつける／表情をつけるなど、発表で必要なことを自分たちで考えます
・聞き手はボケ（ナンセンスなところ）はどこかと必死で聞きます

《発表例とその反応を紹介》

・発表者が“I went to the toilet.”と言って（ドアを開けるジェスチャー）、そして“I saw a human there.”（と言い、びっくりした表情をしてみせます)。「やばい、やばい」のツッコミをして、爆笑。
・発表者が“I went to the space. I saw a black hole. I enjoyed soccer.”(「宇宙でサッカー！」「無理やろ！」のツッコミと爆笑)
・発表者が“I went to the aquarium. I saw a shark. I ate a fish.”(「食べんのかい！」「あかんやろ！」「水族館やで！」のツッコミと爆笑)

このように積極的に英語のプレゼンテーションを行います。活動の手順は、単元の最初に「R-1グランプリ」を行うことを予告します。開催に向けて「笑い」のための文章作りを1時間ずつ積み上げていきます。この単元は8時間構成で、最後の発表も普通の授業として行いました。

1　発表準備

まずは“I went to ... .”“I enjoyed ... .”の文章です。毎時間、私の自撮り写真を使ってクラスの気分を盛り上げます。簡単ですからモデルを示してみましょう。こんな写真です。パワーポイントでドアップで紹介します。

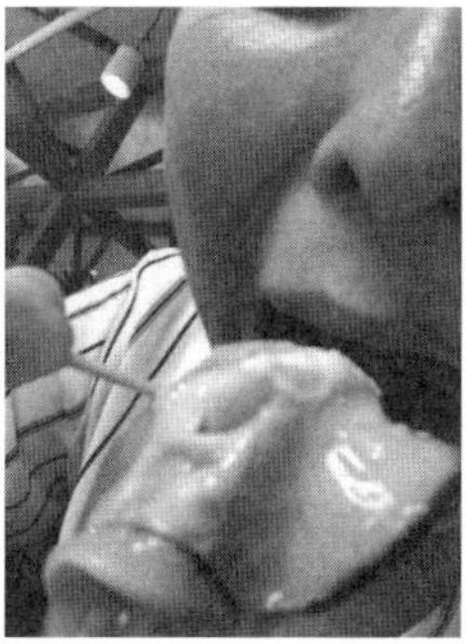

図1、2　I enjoyed eating.

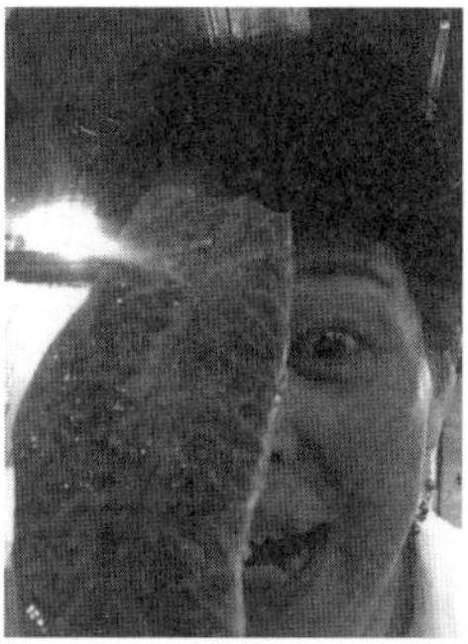

図3　I ate meat.

図4　I saw a fish.

図5　I enjoyed hiking.

図4と図5の写真を見せると、私が食べることだけ楽しんでいるわけではないことがわかってもらえます。そして、この写真と発表例のように、ナンセンスな笑いにつなげられそうなオチを考えます。文章を書くに当た

っては、辞書を使って調べてもいいことにしましたが、「あなたが知らない英単語はみんなも知らない」ということは伝えておきます。

このように雰囲気を作っていって、「ネタづくり」の時間を設けました。「ネタづくり」は全員が I went to .... の文章で始める。それに続く文章は１文か２文とし、既習の I saw .... / I ate .... / I enjoyed .... から選ばせました。文章は「へ〜え」と思ってくれそうなものを尋ね合ったり、書いたりしていきます。下の写真を見せながら I went to Nara. I saw a fish. のように紹介しました。未修の単語を使いたい場合は、その英単語を言った後に日本語を続けて言うというやり方を伝えました。

2 R-1グランプリ当日

図6 I saw a fish.

今回はグループ内で予選を行い、勝った児童が本選で発表という形式としました。予選の前には、クラス全員の前で発表するのは限られた人数となるので、予選で敗退した発表できない児童のために発表者全員分をタブレットに録画して、授業の合間に見られるようにしました。録画するということでほどよい緊張感が生まれます。助け合いの姿も見られました。ツッコミの言葉選びとタイミングは、いくら関西人といえども即興ではできません。話し合いと練習を重ねることでうまいツッコミができるようになります。

いよいよ本選の「R－１グランプリ」です。ピン（１人）での発表なので、入場曲はみんなが知っている「M－１グランプリ」の番組での登場曲です。これがかかると条件反射なのでしょうか、走って登場して勢いよくネタをスタートします。音楽って大事、テンポよく進行できました。

授業は爆笑に次ぐ爆笑でしたが、ツッコミのタイミングを逃し意味が通じず、スベってしまう出場者には班のメンバー総出で平謝り。それを見てみんながまた大笑い。「優勝者を決めないんですか」という質問が出ましたが、「おもしろかったらそれでええやん」という意見が大勢を占めました。「ワークシートのコメント欄に、自分が思うナンバーワンを書いてもいいし、書かなくてもいい」と決まり、このコメントは次回の授業時に配布しました。グランプリ終了後には全員ニコニコしながら自分の教室へ戻って行きました。笑うとスッとする、笑うといい気分、笑うと楽しい、笑うと仲良くなる。みんな晴れ晴れとした顔でした。

《子どもたちの感想》

・ツッコミで英語で何を言ってるかわかりやすくなった。ボケはツッコミで成り立っているんだなあと思いました。
・みんなには前でやって！と言われたけど、自信がなくて期待にこたえられませんでした。次は期待にこたえられたらいいなと思います。
・ツッコミを解説してくれたりするとわかりやすい

　クラスの前での発表を苦手としている子も本選に入っているのです。友だちから認めてもらうってすごいパワーをもらえるのだと感じました。

《Words：Warm-upとR-1使用単語》

□ smile「ほほえむ」	□ toilet「便器、トイレ」
□ laugh「声を出して笑う」	□ human「人間」
□ grin「（歯を見せて）ニコッと笑う」	□ space「宇宙」
□ burst into laughter「爆笑する」	□ black hole「ブラックホール」
□ comedy「喜劇」	□ aquarium「水族館」
□ nonsense「ばかげたこと」	□ shark「サメ」

実践②

さとみ先生のM-1グランプリ

三浦 聡美

私は関西以外の地方の外部人材なので、お笑いを学校の授業で披露することにとても悩みました。授業の主導権は担任の先生にあるからです。北野先生の実践をFBで知ってから、こういう授業をやってみたいと思っていました。そこで、勤務校の6年生の担任に企画書を出し、R－Iグランプリ形式の授業を提案したところ、OKが出て挑戦することができました。タイトルを「妄想大会（M－I）」にし、ナンセンスなことやあり得ないことを発表するならできるかもしれないという結論に至りました。

「夏休みの思い出」の発表は、以前から「修学旅行の思い出」にテーマを変えて実践してきました。コロナ禍で今年は修学旅行も秋に延期になり、ならば挑戦すっかという感じで「ナンセンスな夏休みの報告―M－I」を関西弁でやりました。2人の掛け合いが面白いところは、Aが英語で発表し、その発表に対してBが突っ込むところです。「ツッコミ」が英語でできればいいのですが、とてもレベル的に無理なので日本語で突っ込ませました。北野先生の関西弁まで真似をするのも能がないと思いましたが、普段から方言をほとんど使っていないのでうまくいきません。6年生からも使っていない地元の方言よりも、真似でもいいから面白い関西弁でやりたいと要望があったので、それで行くことにしました。

1 実践例と進め方

6年生は学年で行う学習発表会の劇練習や、運動会が控えている時期と重なり、十分な練習時間が取れず、全て授業内で実施しました。発表順はくじ引きで決め、HRTの掛け声と共に始めることとしました。

１時間目と２時間目：通常の指導案通りの授業

３時間目：８時間目に妄想M－１グランプリを行うことを伝える

４時間目：通常の指導案通りの授業

５時間目：子どもたちだけで原案作成

６時間目：ペアやグループで発表練習

７時間目：ALTによる英語最終チェック、通常の指導案通りの授業

８時間目：妄想M－１グランプリ（通常はパフォーマンステスト）

発表内容

形態：ペアｘ９＋３人の１グループ　計21名

進め方：HRTが発表者が使う表現を板書する

All: How was your summer vacation?

Speakers: I went ____ . / I ate _____.　/　I saw ______ .

It　was　________ .

（注）「なんでやねん」 How come?　/　「ほんまかいな」 Really?

発表例：

① A：I went to the ocean. I saw jellyfish.

B：えええ！毒あるし！！

A：I made a friend.

B：マジか！

A：I swam with a giant shark.

B：….

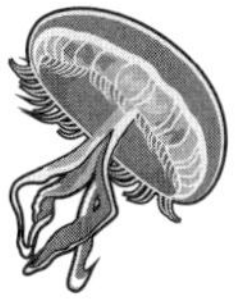
jellyfish

② A：I went to the ダイヤモンドプリンセス号.

B：今？？

A：I ate COVID-19. It was sour.

B：すっぱかったんか～～い！

③A：I went to 国会議事堂.

B：なんで？なんで？　How come?

A：I ate xxx. It was delicious.

B：Really?

the National Diet Building

④A：I went to the sea.

B：へ～～～！

A：I touched starfish ヒトデ.

B：え～～！　危ないやろ！

A：Never mind. 握手したからな！

starfish

⑤A：I went to 早池峰山.

B：登山いいやん！

A：I met a whale. It was very good.

B：山でクジラか～～～い！！

whale

⑥A：I went to my grandparents' house.

B：おじいちゃん・おばあちゃん孝行せなな！

A：I ate a watermelon. It was hot!

B：辛いスイカ？？

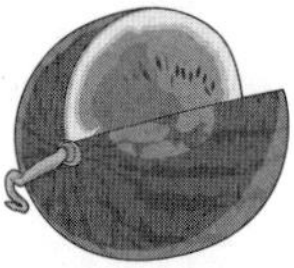

watermelon

sea turtle

⑦A：I went to the sea.

B：You went to (the) sea!

A：I rode on (a) sea turtle. It was wonderful.

B：なに言うてんねん！　ウミガメに乗ったらあかんやろ。絶滅するで！

A：Sorry! Sorry! ひげそ～り～

⑧ A：I went to (my) grandfather's house.
B：おばあちゃんじゃなくて、おじいちゃんの家ね！
C：何してきたん？
A：I ate (my) grandfather.
B：Really??
C：Noooooooo!!!!
A：It was hard.
B＋C：硬かったんか～～～い！

2　まとめ

「え～～！無理！！」、というのがM－Iの趣旨を伝えたときの全員の反応でした。「楽しい方がいいでしょう！」と言うと、「いやです。普通にパフォーマンステストでいいっす！」と返してきました。いつもやっている英語の発表に、ユーモアセンスやオチを入れることに対するプレッシャーを全員感じていました。実際に取り組み始めてからは「やらなきゃいけない」「しかたない」と諦めました。授業が進むにつれ、ペア同士が楽しそうに「ここで何て言う？？」などと積極的にオチを出し合っていました。ギリギリまでアイデアが浮かばないというペアが２組いましたが、教員もアイデアを出す協力をして乗り切りました。

初めての経験に発表者は緊張し、爆笑の連続とまではいきませんでしたが、それぞれが楽しそうに友だちの発表を食い入るように聞いていました。優秀賞に選ばれた２組は嬉しそうに晴れやかな表情をみせていました。「これからは少しずつお笑いを交えた発表ができるようにユーモアのセンスを鍛えていきましょう！」と、担任は締めくくってくれました。

《子どもたちの感想》

・コロナを英語ではCOVID-19ということを知った。なぜニュースではCOVID-19と言わないのか知りたい
・自信がまったくなかったけどうまくできたしリアクションもできた！
・時間がなくてネタが考えられなかった、もう少し練習したらよかった
・自分ではうまくできたと思ったので冬休みもやりたい
・同じものを食べても同じところに行っても表現の仕方で変わるんだなと思ったし、はずかしがらず言えたのでよかった
・みんなの表現力がすごくてよかった

《Words：M-1使用単語》

□How come「何でやねん」
□really「ほんまかいな」
□the ocean「大きな海」
□jellyfish「クラゲ」
□giant「巨大な」
□shark「サメ」
□COVID-19「新型コロナ感染症」
□delicious「おいしい」
□sour「すっぱい」
□starfish「ヒトデ」
□watermelon「スイカ」
□sea turtle「ウミガメ」
□hot「辛い」
□hard「硬い」

《R-1やM-1（夏休みの思い出）で使えそうな動詞》

□play「遊ぶ、スポーツをする、演奏する、芝居をする」
□write「文字を書く」
□paint「絵の具で絵を描く」
□draw「線で絵を描く」
□buy「買う」
□run「走る」
□wash「を洗う」
□give「を与える、を手渡す」
□watch「(動くもの）をじっと見る」
□look「視線を向ける」
□make「を作る、を用意する」
□sit「座る」
□swim「泳ぐ」
□travel「旅行する」
□ride「乗る」

Chapter 4

異文化を理解する指導【色からのアプローチ】

色を表す英語の指導を異文化理解に結びつける

英語の語彙指導の中で、「色」に関してだけは他の単語の語彙指導とは少し趣が異なります。それは、小学校で習う色を表す言葉のほとんどがカタカナ英語だからです。児童はその発達段階で塗り絵をすることによって、色の名前を英語で言えるようになっています。面白いことに、*Let's Try* ①, ②で扱う色の種類と、外国語科７冊の教科書で扱っている種類はほとんど同じで、white, black, red, blue, yellow, green, orange, pink, purple, brown です。これに light blue などが加わります。

一般的な外国語活動での授業は、color song を歌ったり、英語で色の種類が書かれている曼荼羅塗り絵を使った活動をしている学校が多いようです。アルファベットの復習と発音に慣れるのが目的でしょう。外国語科になって、単語の種類が変わらないからといって同じようなゲームをするのではなく、一歩前に進めた授業に挑戦したいものです。たとえば、「虹(rainbow)」を扱った授業をすると、虹の色が６色だったり２色と思っている国があることを知ると本当に驚きます。Chapter 5で扱う世界の国々の国旗を学ぶと、太陽を赤く塗る国がほとんどないことにも驚きます。

国によって虹の色の数が違い、太陽の色の見え方が違うことを学び、認めていくことが大切だと教えることも外国語教育の１つです。異なった文化を認め合うことからコミュニケーションが始まり、広い視野を持てるようになっていきます。しかも、異文化を知ることで自文化をより深く知ることができるようにもなります。

Warm-up ①

Q

運動会で赤組と白組に分かれるのはなぜですか？

国語辞典で「源平」を引いてみると「【源平】①源氏と平家②相争う二つの組③赤と白。紅白（源氏が白旗、平家が赤旗を用いたことから)」との解説があります。運動会の白組・赤組も、お祝いの紅白餅も、起源は「源平の戦い」のようです。

Warm-up ②

Q

漢字の「虹」はどうして虫へんなのですか？

漢和辞典で虫へんの漢字を見てみましょう。蚊、蛸、蛤、蛇、蛙…。

虫へんは昆虫とは限りません。虹は虫＋工。「虫」はへびの意味。「工」はつらぬくの意味、と書いてあります。つまり、天空をつらぬくへびをイメージした文字なのです。

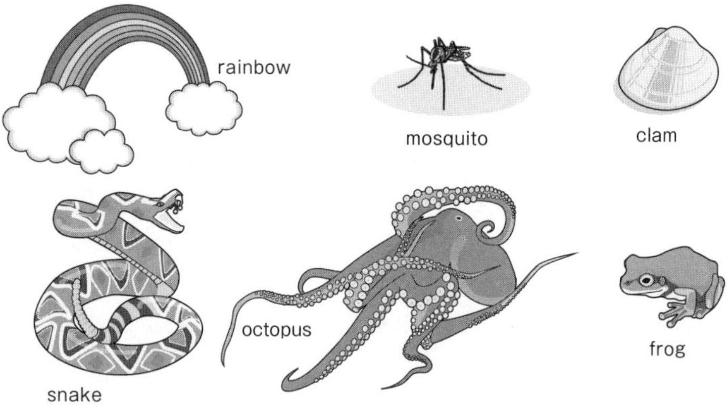

実践

「虹」を使った指導

成田 潤也

実践「虹を作ろう」は、文部科学省の副教材 *Let's Try!* ①の Unit 4「I like blue.」を関連単元とした実践です。扱っているテーマは「虹の色」、活動内容は粘土を使った図工の造形遊びです。つまり、外国の文化を直接的に扱った授業ではありません。しかし、虹の色数についてのやり取りでは、日本の慣習から「虹は７色だ」と決めてかかる児童がいる一方で、指導要領でもそれ以外の数を答える児童も認めています。そもそも、「５色にしか見えない」と思っている教師は大勢います。その結果、教室内で自然と「個人の認識に差があって当然」という雰囲気が醸成されていきます。また、自分たちが７色と思い込んでいた虹を、必ずしもすべての人が同じようにとらえているわけではないという体験をしていきます。こうした経験が、ゆくゆくは多様な文化を認め、受け入れる土壌となるのです。

また、この実践で使用した英語の語彙・表現は、児童に覚えさせることを意図して用いたものではなく、「この授業を進行する上で必要な発問・指示」や、「作業の成果への称賛」です。リピート練習も会話練習も文法説明も明示的には行っていませんが、体験的な活動や教師とのやり取りを通して、児童は一方的に聞くだけではなく、英語で反応を返しています。英語それ自体に興味を示しているのではなく、教師が英語で進行する授業内容にこそ興味を示しています。だから、活動のために投げかけられる指示を一生懸命聞いて理解しようとし（もちろん、理解を促す足場掛けを教師がしているわけですが）、その先に待つ友だちとの共同作業を楽しもうとしています。「英語でも意味がわかった」「英語の指示でも活動ができた」という満足感・達成感から、それまで聞いてきた英語（rainbow とか purple とか）が、ひと言ふた言思わず口をついて出てくる。それは極めて自然な「ことばの発露」だと言えます。

この実践は、体験的理解が目的である中学年の外国語活動ならではの実践ですが、教科となった高学年の外国語科であっても、基本的なスタンスは同じだと考えられます。教師が「英語そのもの」を教えようと躍起になればなるほど、教室内のコミュニケーションが普段の自然で豊かなものから離れていきがちになることを指導者は自覚しておくべきでしょう。

1　実施の授業の様子（実録形式）

コミュニケーションの様子がわかるように、実録形式で紹介します。「日本語で」と明記している部分を除いて、授業はほぼ英語での指示・発問で進行しています。

まず、英語絵本 *Mouse Paint*（Ellen Stoll Walsh, 1989）の読み聞かせです。３匹の真っ白なネズミが、赤・黄・青の絵の具で遊んでいるうちに色が混ざってしまい、オレンジや緑や紫ができてしまうという内容です。クラス全員筆者のジェスチャーやイラストをヒントにしながら聞き入っていました。読み聞かせ後、“What animals can you see in this book?” “What colors can you see?” などと尋ねると、“Mouse!” “Cat!” とか “Red!” “Orange!” などの英語が次々に返ってきたことからも、内容をよく理解できていたことがわかります。

プレゼンテーションソフトで自作したスライドを提示しながら、色の名前や色の混合を確認していきました。驚いたことに、筆者が最初に “Do you know how to make orange? What color and what color do you mix?” とクラス全体に質問すると、複数の児童が “Red and yellow！” と反応してきました。つまり、絵本でおおよその文脈を理解し、「これは混色の話だ」と推測し、英語の問いに反応できたということになります。以下、緑や紫の作り方に話題が進むにつれ、発言する数が増えていきました。最初の例を参考にして、「こうやって答えればいい」と理解したクラスの子が次々と回答に加わっていきました（これが集団で学習をすることの面白さの１つです）。

Let's Try! 1 デジタル教材収録の The rainbow song を３回ほど一緒に歌った後、本物の虹の写真（筆者が数年前に勤務校で実際に撮影したもの）を提示し、“How many colors can you see in this rainbow? Raise your hand. Only one? Two? Three?” と尋ねてみました。多くの児童が seven で挙手しましたが、半数近くは five や six で手を挙げました。続いて、“Then, what colors can you see? Who can see red? Who can see orange?” と挙手させて、質問している色が見えるか見えないかを確認していきました。ひと通り尋ね終わった後、日本語で「同じものを見ているのに、人によって違って見えるんだね。先生にはこの写真の虹は、どうしても５色にしか見えません」と言うと、「私も！」「俺、６色に見えるな」など様々な反応が返ってきました（実は、この問いは Unit 4 の Let's watch and think ①の内容への伏線になっています）。

図１　机間指導

その後、赤・黄・青の色粘土（ピンポン玉大）を３人グループに１つずつ配付し、これらを使ってオレンジと緑と紫を作るように指示しました。グループでの作業が始まったところで、机間巡視をしながら、今まさに色を混ぜて新しい色を作ろうとしている児童に “Now you are making orange! What color and what color are you mixing?” とジェスチャーを交えて尋ねていきました。

もちろん、すぐ回答できる子もいれば、何度か意味のやり取りをしてようやく “Red and yellow?” とつぶやく程度の子もいましたが、その度 “That's right! You are mixing red and yellow. Wow, you got an

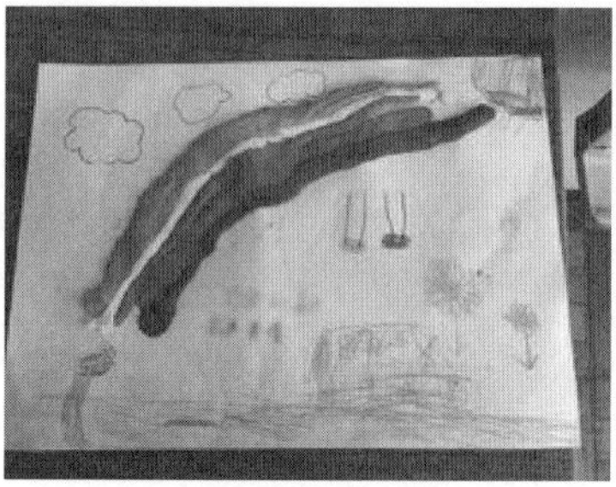

図2　粘土で作った虹

orange color!"のように、ほめることに徹しました。自分の担当した色が完成した1人が、「先生！ほら、purple!」と見せに来た時、"Wow, it's beautiful! Good job!"と笑顔で返すと、嬉しそうに自席に戻りました。

作業の進行を見計らって、"Who made orange / green / purple?"と手を挙げさせ、作業が完了していることを確認します。その後、新たにもう1個ずつ赤・黄・青の色粘土を配付して、各グループに赤・黄・青・オレンジ・緑・紫の粘土が揃った状態にしました。自作スライドで写真を見せながら、この粘土で自分たちの虹を作って欲しいこと、そのためには、それぞれの色の粘土を蛇（snake）のように伸ばし、それを白い画用紙の上に並べて欲しいことを伝えました。スライドの写真を見ながらだったので作業は滞りなく進みます。6色の蛇状の粘土を画用紙に並べ終わったグループには"Give your hands. Let's press together!"と呼びかけ、3人で手を重ね、粘土を画用紙に押しつけて虹を作り、残り時間で余白に好きな絵を描き、最後に自分たちの名前を書くように言いました。上の写真が完成品です。"What a beautiful rainbow!"と言いながら、サムアップと笑顔で授業を終えました。

2　まとめ―特別仕様ではない普通の授業を

小学校の国語の授業風景を想像してみてください。教師は児童に対して「〇〇ページをみんなで読みます」「この漢字は何画ですか」「Aさんの文章はわかりやすくてとてもいいね」という指示・発問・励ましの言葉をかけますね。児童は「僕は～だと思いました」「先生、プリントに名前は書きますか」「もう少し時間をください」と、指示や発問に対しての反応、意見、確認のような言葉を発します。このようなやり取りで授業が自然に成り立っています。少なくとも、教師が「このように言いなさい」と指示したり、正しく言えるかテストするなどということは決してしないはずです。

一方、外国語の授業になった途端に、「今日の表現は～です」「繰り返し言ってみましょう」「この表現を使って隣の人と話してみましょう」「ちゃんと言えるようになりましたか」というように、やりとりが急に不自然なものになっていませんか。国語の授業と外国語の授業での言葉のやりとりは何が違うのでしょうか。それは、国語の授業でのやりとりが自然発生的なものであるのに対して、外国語の授業が不自然な文脈で、不慣れな外国語での発話を強いている点にあります。もし、外国語の授業で言葉のやりとりにどこかぎこちなさを感じるとすれば、教師や児童の英語運用能力の低さにあるのではなく、教室で行われている会話がコミュニケーションとして明らかに不自然だからではないでしょうか。

小学校で外国語教育が教科となっても、従前の教科指導と全く異質な、不自然なことをするのでは手段が目的化していると言えるでしょう。型通りの英語表現を形式的にやり取りさせる授業、つまり、「やっている感だけがある英語教育」を排除して、他の教科と同じように、豊かで自然なコミュニケーションを授業に取り入れていくべきだと思います。

小学校ではほとんどの教科を原則、学級担任が指導してきましたが、英語や理科などは順次、教科担任制となります。ただ、複数の教科の指導内容を熟知しているということは教員としてとても強みになります。英語は「言語教育」です。重要なのは「英語」そのものではなく、「英語で語られる内容」です。その内容が児童にとって難しいものであるならば、英語であろうと日本語であろうとわかるはずはありません。英語の授業内容が他教科で学んだ内容を取り入れた授業だったら、英語でもわかりやすくなるはずです。「他教科の学習内容を取り入れた英語の授業実践」を参考にして、授業改善の一助としてください。もちろん、図工以外の教科との連携も可能です。そうすることで多様な授業展開が考えられるでしょう。

《追加単語：色》

□ gold「金色」
□ silver「銀色」
□ copper「銅色」
□ bronze medal「銅メダル」
□ gray、grey「灰色」
□ sky blue「空色」
□ navy blue「濃紺」
□ dark blue「紺色」
□ coloring book「塗り絵」
□ indigo「藍色」

《色の濃淡》

□ light「薄い、明るい」
□ pale「淡い」
□ deep「深い」
□ dark「暗い」
□ bright「明るい、鮮やかな」

コラム　虹の色は本当に７色なのか？—

大阪大学・滋賀県立大学の名誉教授大谷泰照先生が虹の色について次のように書いておられます。

『…〈中略〉…虹の色をどこで区切って何色とみなすかは、当然、それぞれの民族や言語の区切り方によって決まります。日本語は、たまたま、それを７色に区切る言語であるというにすぎません。…〈中略〉…例えばアメリカ人は一般に、虹を red, orange, yellow, green, blue, purple の６色に区切ります。日本や中国では、出藍の誉…〈中略〉…ということわざがある通り、青と藍（indigo）を区別して考えるのに対し、英語ではそんな区別はなく、blue でひとくくりにしてしまいます。…〈中略〉…全く同じ虹を見ても、世界の人々はそれぞれに自分の言語や文化に固有の区切り方によってしか虹は見えてこない、ということがわかるでしょう。』

（『カラーワイド　英語百科』大修館書店）

【異文化理解教育について】

英語が教科となってから、小学校の外国語教育においても異文化理解の必要性が語られていますが、その必要性や指導方法がよくわからないという先生方が意外と多いようです。異文化理解教育が重要なのは、児童が特定の価値観だけに固執し、自分と違う考えを持つ人を理解できないとして排除するような行動に陥らないようにするためです。異文化理解教育は、人格形成上重要な地位を占める小学校教育において、多様性を受け入れ、個人を尊重する謙虚さと人権意識を持った人材の育成に寄与すると考えられています。異文化の取扱いが表層的な内容に留まると、目新しさばかりが強調されてしまい、児童の振り返りも「今まで知らなかったことを知ることができてよかった、楽しかった」というような通り一遍の内容で終わりかねません。知識を与え、外国に興味を示すようにすることも目標なので、それでも差し支えないとは思います。しかし、単に異文化に触れさせるだけでなく、「児童に授業で何を見出させ、何を考えさせるか」という一歩踏み込んだ指導も可能です。先生方の授業の目的が文化間の相違点や類似点に気づかせることなのか、そこから一歩進んで、文化間の違いを「違っていてもいい」として自然に受け入れられるようにすることなのかどちらでしょうか。目的意識をしっかり持つか持たないかで、授業中での指示・発問・活動内容が大きく変わります。

異文化理解の題材について、「自分は海外経験が多いわけではないので題材探しに苦慮しています」という声が現場でよく聞かれます。そのような質問をされる先生は、「異文化理解の題材は目新しいものでなければならない」という思い込みがあるように思います。日本にない食べ物や行事を扱うことだけが異文化の入り口ではありません。「他教科での学びを外国語教育の視点で捉え直す」という発想に切り替えてみてはいかがですか。そうすれば、取り上げられる題材は無数にあるはずです。様々な題材を扱うことで、必然的に様々な語彙や表現を使うことになり、日本と比較することで結果的に異文化理解が促進されます。（成田潤也）

Chapter 5

異文化を理解する指導【国旗からのアプローチ】

「国旗の形・色・象徴を表す英語」で語彙指導

物事を客観的にとらえられるようになるのは、3～4年生くらいといわれています。それまでは、ほとんどの児童は自分が育った文化を無意識に受け入れています。そのような年代の時に自分の育った文化と異なる文化を知ったとしても、まだまだ人生経験や知識が浅く、異質なものを理解し、認め、受け入れる素地は未発達です。だからこそ、成長過程で身につく固定観念ができてしまわないうちに、児童の様子や反応を見ながら、異文化理解の丁寧な指導が必要になってくるのです。

外国語科の教科書では、「他国の文化」「国紹介」「行きたい国」というトピックで外国の国々を扱っていますが、多くの児童にとって外国の話はあまり身近なトピックではありません。

教材として使いやすいのは国旗（national flags）です。たとえば、オリンピック・パラリンピック（以下オリ・パラ）の開会式で多くの国が登場し、それぞれの国旗が示され、参加者が民族衣装を着ているのを観ることで異文化を意識します。オリ・パラは冬季もあるので２年ごとに開催されています。学習前に入場行進を録画したものを視聴することで、学習に対する心の準備ができます。外国の国旗を日本の国旗や文化と照らし合わせながら、色々なことに気づくはずです。

世界の国旗の授業は社会科でも扱っています。教科担当同士（担任が１人で行う場合も含めて）の指導案を見比べて、お互いに意見交換することで授業のヒントが得られることがたくさんあります。社会科以外に、「数」は算数、「色」は家庭・図工・国語、「太陽・月・星」は理科と、ほぼ全教科が国旗と関係することがわかります。

Warm-up ①

Q

国旗に南十字星が描かれているのはなぜですか？

北半球には北極星（Polaris）があり、航海の指標になっています。ところが、南半球には南極星はありません。そのため、15～16世紀ごろに南極を探す指標を南十字座の４つの星に決め、それらの星をSouthern Cross「南十字星」と呼ぶようになりました。現在、国旗に南十字星を使用しているのはオーストラリア、ニュージーランド、パプア・ニューギニアなど南半球の６カ国です。

それでは、日本では南十字星は見られないのでしょうか。旅行代理店に問い合わせたところ、八重山諸島（沖縄の南西約400キロの石垣島）まで行くと見られるそうです。

Warm-up ②

Q

英国の国旗（Union Jack）の成り立ちはなんですか？

英国は４つの地域、イングランド(England)、スコットランド(Scotland)、ウェールズ（Wales)、北アイルランド（Northern Ireland）の連合王国です。イングランドの旗は白地に赤の十字、スコットランドは青地に白の斜め十字、アイルランドは白地に赤の斜め十字が合わさっています。ウェールズのシンボルはドラゴンですが、ウェールズは13世紀末にはイングランドと統一されていたため、英国の国旗（1801年に制定）には反映されていません。

ウェールズの街

実践

国旗から世界の国々を知る

土屋 佳雅里

異文化理解は児童が身近に感じることから取り組むようにしています。

たとえば、国旗です。オリンピックやワールドカップなど、国際試合はテレビで放映されます。そこでよく目にするのは、参加している国の国旗です。聞いたこともない国や初めて見る国旗もあると思いますが、学校の図書室などには国旗つきの世界地図があり、すぐに調べられます。国旗は異文化理解の定番教材です。

外国語科の教科書には、単元にかかわらず国旗が頻繁に登場しています。教科書では国旗を糸口に異文化理解活動を展開し、単元ごとのテーマにつなげていけます。国旗は国の顔であり象徴です。教科書で国を扱うページには国旗の画像が掲載されています。国旗には国に関するあらゆる情報が詰まっています。国の成り立ち、自国に対して込められた思い、エピソードなど、国の歴史や文化が見え隠れしています。世界の国旗の意味を知り、国旗を通して自文化と比べることで異文化への理解を深めることができるのです。

5、6年の社会科で国旗について学びます。5年生では日本と世界の主な国々を学び、6年生では世界の国々と日本との繋がりを学習します。その知識を下敷きにして、社会科と連携して外国語科での活動を進めていくと、異文化の学びにもつながります。

☞第1ステップ：自文化（日本の国旗）を知る

日本の国旗について理解する

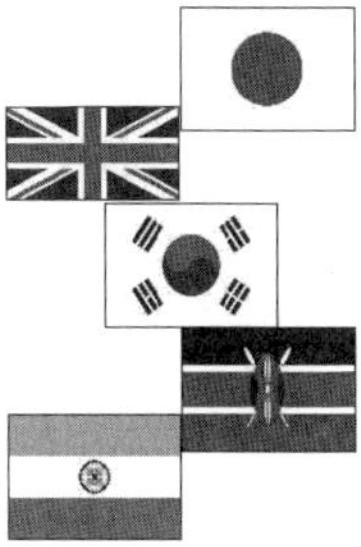

☞第２ステップ：異文化（世界の国旗）を知る
　日本以外の国の国旗について理解する
☞第３ステップ：自文化と異文化を比べる
　日本の国旗と他国の国旗を比較して違いを理解する

　扱う国をアレンジする場合は、教科書に掲載されている国の範囲を超えて幅広く考えることが可能です。たとえば、学区地域にネパールのコミュニティがある場合、日常で見聞きする機会が多いネパールの国旗を扱うことで、身近な異文化をより現実的に体感でき、異文化理解がなお一層深いものになると思います。

　実践では多くの単語を使っていますが、未修の単語であっても、他教科で学んだ知識などを活用して外国語学習を進めることは可能だと考えています。どの国の国旗を扱うかという基準は、「ALT の出身国」「在籍する多国籍の子どもの出身国」「地元にある多国籍レストランの国」などが挙げられます。現実問題として、外国人居住者数が最も多い東京では50万人を超えますが、愛知、大阪、神奈川、埼玉、千葉でも10万人を超えています。群馬のある町では５人に１人が外国人だそうです。地域の実情に合わせて指導を工夫する必要はあると思います。児童と同じ目線になって、学ぶにふさわしい言葉を選ぶことが大切です。導入として国旗に関するクイズから始めます。解答を選択式にすれば、スムーズに授業を展開することができるでしょう。

• **導入方法**　「国旗クイズにチャレンジ！」
　扱う国の数は、国連加盟国193国（2021年７月現在）に、日本が承認している４カ国（バチカン、コソボ、クック諸島、ニウエ）を加えた197カ国ですが、１回で扱う数はビンゴにしても４×４でやりやすい16カ国くらいがいいでしょう。
• **実施可能な学年**　３～６年生 各学校の実情でクイズ内容や形式を変更

- **概要**：パワーポイントなどでスライドを作成し、資料を提示しながらクイズを進める。画用紙にクイズを書いて、書画カメラで投影してもOK
- **所要時間**：クイズ問題数によるが、導入なら5-15分程度
- **準備する物**：出題用スライド、○／×の札もしくはカード
- **手順**：
  ①グループ分けを行う。スムーズに活動を進めるため、学習班や給食班など、普段の学校生活で慣れている班を利用する
  ②問題ごとに"Thinking Time"を30秒設け、一斉に解答
  ③答え合わせをして、黒板にスコアをつける

◇クイズの例

(1) True or False クイズ

True / False と言いながら○ / ×をジェスチャーで示したり、黒板にTrue / False を書いて、その下に「○」（または「正解」）と「×」（または「間違い」）と書いたり、True（○）と False（×）の絵カードを紙で作ってもいい。

☞第1ステップ：自文化を知る

図1　日本

① Q：日本の国旗の形は正方形である！
[A：× False]（長方形　rectangle）

② Q：日本の国旗の真ん中の赤い丸は梅干しがモデルである！
[A：× False]（太陽　The sun）

③ Q：日本の国旗が法律で正式に定められたのは1999年である！
[A：○ True]

☞第2ステップ：異文化を知る

① Q：四角形ではない国旗がある！

［A：○ True］（ネパール　Nepal）

② Q：正方形の国旗は世界で１つしかない！

［A：×　False］（スイス　Switzerland とバチカン市国　Vatican City）

③ Q：ピンクが使われている国旗がある！

［A：×　False］（ピンクと紫は使われていない）

図２　ネパール

⑵ How many? クイズ

☞第３ステップ：自文化と異文化を比べる

グループに１枚ずつ国旗一覧表を配布

① Q：国旗に月がある国はいくつある？

How many countries have the moon on their national flags?

１．10カ国未満　　２．10－15カ国　　３．16カ国以上

［A：３］（Singapore/Turkey/Nepal/Pakistan/Palau/Brunei/Malaysia/Laos など）

② Q：国旗に太陽がある国はいくつある？

How many countries have the sun on their national flags?

１．20カ国未満　　２．20-30カ国　　３．31カ国以上

［A：２］（Japan / Bangladesh / Nepal など）

太陽はアジアに多く、シンプルな円形（日本、バングラディッシュ）、太陽に顔が描かれた（アルゼンチン、ウルグアイ）、日の出・夜明け（キリバス、マラウイ）など、色も赤・黄・白と様々

③ Q：国旗に動物・鳥がいる国はいくつある？

How many countries have animals or birds on their national flags?

１．20カ国未満　　２．20-30カ国　　３．31カ国以上

［A：2］（Sri Lanka はライオン / Papua New Guinea は極楽鳥 / Mexico はワシ / Bhutan は竜など）

民族の先祖（スリランカ）、昔の王国の紋章（スペイン）、国鳥を描いたもの（パプア・ニューギニア）など

《Words：形・太陽・月・クイズで使う英語》

□ national flag「国旗」
□ Southern Cross「南十字星」
□ rectangle「長方形」
□ square「正方形」
□ heart「ハート形」
□ diamond「ひし形」
□ star「星・星形」
□ circle「円」
□ tricolor「三色旗」
□ double「２倍の」
□ eagle「ワシ」
□ lion「ライオン」
□ cactus「サボテン」
□ snake「ヘビ」
□ sun「太陽」
□ moon「月」
□ crescent「三日月」
□ thinking time「考える時間」
□ true「本当の、正解」
□ false「間違い」
□ true or false「正解か不正解か」
□ cross「十字形」

《解説で扱った国》

□ Nepal「ネパール」
□ Switzerland「スイス」
□ theVatican City「バチカン市国」
□ Singapore「シンガポール」
□ Turkey「トルコ」
□ Pakistan「パキスタン」
□ Palau「パラオ」
□ Brunei「ブルネイ」
□ Malaysia「マレーシア」
□ Laos「ラオス」
□ Bangladesh「バングラデッシュ」
□ Sri Lanka「スリランカ」
□ Papua New Guinea「パプア・ニューギニア」
□ Mexico「メキシコ」
□ Bhutan「ブータン」

《接頭辞》

「色」のところで少し触れましたが、少し余裕があれば接頭辞の指導を行っておくと単語を覚えやすくなります。難しそうに見えるかもしれませんが、数を表す言葉が語頭につくパターンや規則性を発見すると、子どもたちは興味を示します。

□ uni- と mono- は「1」で unicorn「一角獣」、unicycle「一輪車」、monorail「モノレール」などがあります。uni や mono と書かれている鉛筆や消しゴムがありますが、これは「唯一の（品質）」と自社の製品を誇っているのだと思われます。

□ bi- は「2」で bike（bicycle）「自転車」、bilingual「2言語を話せる」

□ tri- は tricycle「三輪車」、triple「3倍の」

《カタカナ語になっている形状》

□ cube（ヒント：ルービックキューブ）「直方体」

□ cylinder（ヒント：理科室にある）「円柱」

□ cone（ヒント：アイスクリーム→ corn「とうもろこし」ではない）「円錐」

□ triangle（ヒント：音楽室にある）「三角形」

□ prism（ヒント：理科室にある）「角柱」

□ pyramid（ヒント：エジプトにある）「三角錐」

□ sphere「球」

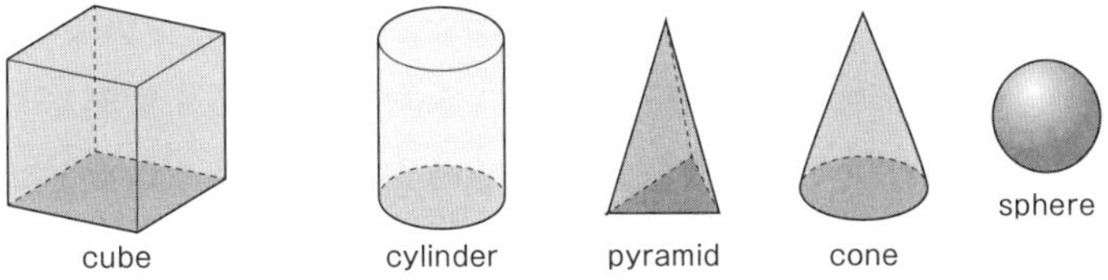

国旗に使用されている形・色・象徴

国旗の色に目を向けてみましょう。単色の国旗は世界中どこにもありません。２色旗は two color flag、３色旗は tricolor で、一番多い組み合わせは赤、青、白の３色旗です。国旗の色が何を意味するのかは国によって違うので、各国のウェブサイトなどで確認してください。

その国の象徴（シンボル）として国旗には鳥や動植物も描かれます。アルバニアの国旗には赤地に黒の双頭のワシ（double-headed eagle）が、モンテネグロの国旗には双頭のワシの真ん中に lion までいます。メキシコの旗は、花が咲いているサボテン（cactus）の上にワシが蛇（snake）をくわえて止まっている迫力のある構図です。

図3、4、5　左からアルバニア、モンテネグロ、メキシコの国旗

国旗に描かれている太陽・星・月

太陽や星や月は国旗の常連で、日本の国旗も太陽です。ただ、太陽が真っ赤に描かれている国旗はとても珍しいようです。日本の子どもたちが太陽に色を塗ると、赤かオレンジ、時々黄色が見られますが、他の国の子どもたちは何色に塗るのでしょうか。そのことがわかるサイトを検索する「調べ学習」などは、異文化理解の授業になります。

一番多く描かれているのは星です。USA は星条旗（Stars and Stripes）、EU の欧州旗は12個の金の星が全て正面を向いています。南半球の国では４つの南十字星（Southern Cross）が描かれています。

三日月（crescent）と星が描かれている国はアルジェリア、トルコ、シンガポール、マレーシアなどで、砂漠のある国やイスラム教と関係があることがわかります。三日月と星と緑色が加われば、イスラム教を国の宗教と定めているという意味です。（土屋佳雅里）

Chapter 6

異文化を理解する指導【食からのアプローチ】

給食で世界の料理を食べて、調べて、異文化理解

外国語活動で扱う「食」についてのテーマは、「好きな食べ物を言える」ことです。つまり、“What do you like?” と尋ねられたら、“I like … .” に続けて果物やハンバーガーといった料理名を言う練習です。機械的な練習をすることで、食べ物に限らず好きなことを表すことができるので、あらゆるジャンルの語彙を扱えます。5、6年生になると「食材・料理」の単語、ファストフード店などで「料理の注文」の受け答え方法を学ぶのですが、その場合は What would you like? I'd like … . のように丁寧な言い方を学びます。小学校に “would” が登場したのは文部科学省副教材『英語ノート１』(2008) からです。しかし、文法的に would を説明はしません。What would you like? の言い方をチャンクで慣れ親しみ、レストランで注文する場面設定で使ってみる体験が would を使用する目的です。

小学校の外国語教育では、日常生活を通して納得しながら体験的に学ぶことが重要です。学校では世界各地の料理を給食で提供しています。そこで、給食のスタッフとコラボして食べ物から外国語を学ぶのはどうでしょう。外国の食べ物を食べるということはインパクトのある異文化体験です。給食を担当する栄養教諭や調理師の協力も必要になりますが、給食で外国の料理を食べられたら児童の好奇心を刺激し、異文化を知ることにも繋がります。多くの学校では給食の献立表は事前に掲示されます。どこの国の料理かが決まった日から給食当日まで、その国の名産品を展示したり、動画を用意して見せることで好奇心を呼び起こし、その国の地理、文化、歴史や言葉についても知る機会になるのではないでしょうか。

Warm-up ❶

Q

英語で「スープを飲む」は何と言いますか？

「(スプーンで) スープを飲む」は “eat soup” と言います。日本語では「飲む」と表現しますが、英語では一般的に eat が使われます。その昔、ヨーロッパでは主食であるパンは村や町の共同パン焼き場で1週間に1度焼かれていました。そのため、日が経つうちにパンが固くなってしまいました。夕方の食事で固くなったパンを柔らかくするため、スープに入れて柔らかくして食べていました。その習慣が言葉として残っていて、「スープを食べる」と表現されるようです。ただし、カップに口をつけて直接飲むときは drink soup と言います。

Warm-up ❷

Q

「卵の白身と黄身」「目玉焼き」を英語で何と言いますか？

卵の白身は egg white で黄身は yolk です。日本語では黄身を目玉に見立てますが、英語では太陽に見立てます。

- ☐「目玉焼き」fried egg
- ☐「片面焼き」sunny-side up
- ☐《米》「両面焼き」egg over easy (turn over and fried easy の意味)
- ☐「ゆで卵」boiled egg
- ☐「半熟卵」soft-boiled
- ☐「固茹で卵」hard-boiled
- ☐「落とし卵」poached egg

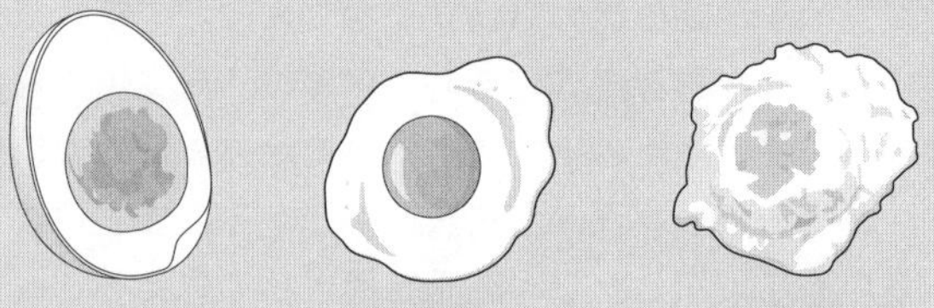

ゆで卵　　片面焼き　　両面焼き

実践

給食から世界へ

補足解説は
こちら

北野 ゆき

1　世界の料理が学校給食に

2020年度の守口市の給食テーマは「世界の料理」と決まりました。せっかく世界の料理が食べられるのだから、何かインパクトのあることをしたいと栄養教諭の先生と前年度から話をしていました。世界の料理が給食に出る日の数日前からその国を紹介することにしました。今回は「ニュージーランド（以下 NZ）の料理」と決まりました。給食委員が NZ のことを調べ、給食室の前の廊下や外国語の教室にも何か展示したいと言ってきました。

図1、2、3、4、5、6　外国語教室に展示した資料

2　多くの人たちの協力があってこそ

展示品を探していたところ、知人のノートルダム女子大学（2022年より四天王寺大学）のダニエル・ピアース先生がNZの人だということを思い出してお願いしました。「何でも持っていきますよ」「動画も作ります！」と二つ返事で了解していただいた上に、動画まで学校に持ってきて下さいました。オールブラックスのラグビーボール型のふわふわボール、キウイ（kiwi）のぬいぐるみ、キウイの立体パズル、期限切れのパスポート、昔の観光ポスター、コイン、たくさんの絵本、そして、マオリのお守りであるポウナムまでもです！　NZに１年間住んでいた中学校の先生からは、大量の美しいポストカードと、NZの学校紹介のパンフレットを貸してもらえました。６年生の担任の先生からも、説明つきの写真と紙幣を借り受けました。動画は守口市内の各学校と共有し、１、２年生は都合がついた授業で、３～６年生は外国語の授業で見ることにしました。

ダニエル先生のマオリ語と日本語での自己紹介で動画が始まります。マオリは海を越えてAotearoa（NZのこと）にやってきたので、マオリ語も英語も使うこと。続いて、キウイや羊の説明があり、魚も肉もよく食べるそうです。釣り上げたばかりの鯛（sea bream）の写真や肉がずらりと並んだスーパーの写真、穴を掘って焼いた石を入れ、その上に食材を置いて埋めます。マオリの伝統的な調理方法ハンギの説明を聞いた時には、クラスがざわつきました。ハンギの写真をズームして、「この赤いものは何でしょう」という声に「サツマイモ？」と声を揃えて答えます。「給食で出たサツマイモ（sweet potato）は南米のペルーが原産と言われています。マオリが海を渡ってサツマイモをNZに持ってきた。世界はつながっているのですね」という話の流れになり、先生たちも「ウム、これはすごい」とうなっていました。

3　本物の力

・お札の色がきれい。プラスチックでできてるんだって（注：ポリマー紙幣）
・お札の裏がみんな鳥
・お金にイギリスのエリザベス女王の顔がついてる（2021年現在）
・マオリのお守りって日本の神社のお守りと全然ちがう
・マオリのお守りって勾玉みたい、ヒスイっていうらしい
・飛べない鳥のキウイかわいいけど、果物のキウイから来てるのかなあ
・オールブラックス知ってる！試合の時に踊るやつ！

NZ グッズを見たみんなの声です。実物の力はすごい。次々と疑問が出ます。「自主学習で調べてみる！」とワクワク笑顔です。外国料理の給食を食べる前からその国を紹介する展示品で予備知識を入れる。そこまでするから動機づけされるのです。

「寒い冬の日にクマラスープ（NZ の伝統料理）が夕食に出るとすごくうれしかった」という話と、おいしそうなクマラスープの映像を見た感想です。
・めっちゃ楽しみ！トロトロのクマラスープ早く食べたい
・NZ は英語と思っていたけど、マオリ語というのもしゃべっているというのでびっくりした

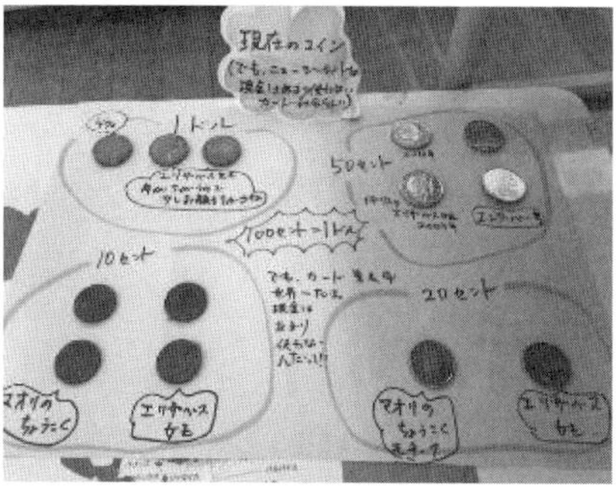

図7　ニュージーランドのコイン

図8　クマラスープの給食

4　英語以外の言語に出会う

その後の活動としてNZの絵本を読みました。絵本とはいえ、英語で書かれたものは難しいようです。ところが、マオリ語で書かれた絵本は驚くほどすらすらと読んでいます。「全部読めるのに意味がわからん！」「なんか頭おかしくなりそう！」という反応です。そうか、「読めるけれど意味がわからない」という経験をしたことがないのです。読めるようになった文字は意味がわかるものなのです。マオリ語はローマ字と同じ表記です。彼らにとって知らない世界に出会った瞬間でした。絵本だと文化の違いにすぐ気づきます。言葉にも目が向きます。「文字の上に―がついているものがあった」マオリ語の文字表記について気づく児童もいました。

給食委員会は調べ学習をします。料理の説明、首都、面積、人口、言語と挨拶表現を調べます。予想通り、いくら調べても『いただきます』という言葉が出てこないと困っていました。「ないのかもしれないね」と言うと、顔を見合わせて驚きます。日本語が英語に訳せない、それも「いただきます」という言葉が英語にないということに、本当に驚いていました。

給食プロジェクトに参加してくれ、本を並べコメントを書いてくれたりした司書の先生が、オーストラリアの本はかなりあるのにNZの本は少ないことに気がつきました。メジャーな国だと思っていたのに知らないことだらけ。同感です。私もこのプロジェクトを始めるまではNZについて全く無知でした。教員にとっても楽しい学びになるのです。

5　プロジェクト学習の素晴らしさ

食育、異文化理解教育、複言語教育、いろんな観点から語れるこのプロジェクトですが、一番良かったことは人とのつながりです。専門職の栄養士の先生や司書の先生とたくさん話ができたこと、何人もの先生や事務職員さんが声をかけてくれたこと、他校の教員から「あの動画とても良かった」「うちでもやってみたい」という声をかけてもらったことです。このプロジェクトは１人じゃない、みんなつながっているんだと実感し、感動しています。給食から世界を感じることができるこのプロジェクトが、給食を食べている日本中の学校に広まってくれればいいと思っています。

6　まとめ

「外国に行くと、今まで地図や本などで知っていた知識が二次元の世界から三次元の世界に変わるんです」。俳優の秋吉久美子さんがNHKの番組『英語でしゃべらナイト』で話していました。

小学生に外国を体験させることはなかなか難しいことですが、世界各地の料理を給食で食べることで、紙や画面だけでは感じられない世界を感じさせることができると考えています。食べるだけでなく、その国の知識も得られる経験を通して、外国語学習への意欲を高め、語彙学習に向かわせる心を作ると思います。全国各地の学校給食では世界の料理を提供することが増えており、ネットにもアップされています。このように、世界の給食ひとつとってみても、材料などの英単語を紹介すれば語彙学習にもなります。

＊世界の料理は第６部（pp.171-172）と索引（p.186）に掲載しています。

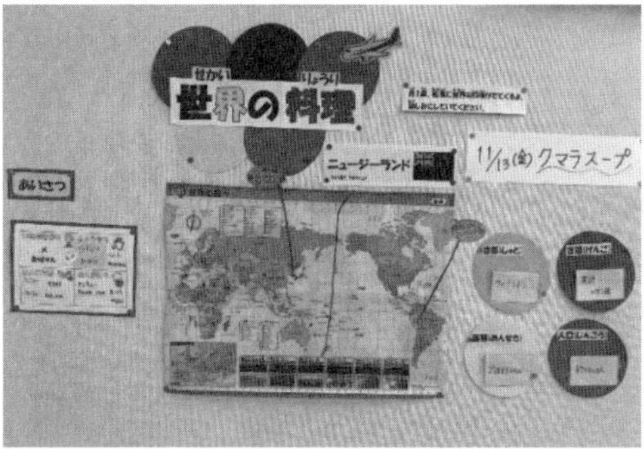

図９　給食委員会制作

Chapter 7

他者理解を深める語彙指導

英語の授業で可能な SDGs の授業

2015年に国連サミットで採択された頃に比べると、SDGs「持続可能な開発目標」のゴールに向けて世界中が取り組むようになってきました。学校の授業でも、教科の枠に留まらないレベルで取り組まれています。2020年から使用されている小学校の外国語科の教科書でも、世界の子どもたちや人々の生活についてのユニットで、さりげなくアフリカのマラウイ（Malawi）の水問題を扱ったり、「地球に暮らす生き物」のユニットで環境問題や絶滅危惧種などが取り上げられていました。

小学校の英語の授業で環境問題や SDGs などを扱うのは、語彙の問題も含めて二の足を踏む先生が多いと思います。しかし、小学校でも総合的な学習の時間に、自ら課題を見つけ、自ら学び、自ら考え、判断して行動することが求められています。大人が考えているほど児童はこの問題を難しいとは思っていないはずです。貧困、飢餓、環境などと大上段に構える必要はありません。SDGs の本質は「人の気持ちや抱えている問題を理解する能力」です。

『ぼくはイエローでホワイトで、ちょっとブルー』（ブレディ美香子著）の中で書かれていた「エンパシー」という言葉は、流行語といって良いくらい使われるようになりました。自分の中で湧き上がってくるシンパシー(sympathy）は、「思いやり」という訳が与えられています。一方、エンパシー(empathy）は「他人の感情や経験などを理解する能力」だそうです。他者を理解することはグローバル時代に必要な能力です。感情でなく能力なら、授業で身につけることはできるはずです。

Warm-up ❶

Q

地球上にある水資源のうち、海水が占める割合は何％でしょうか？
安全な水道水が飲める国はどれくらいでしょうか？

地球の表面は70％が水に覆われ、その97.5％が海水です。淡水は2.5％しかありません。しかも、その大部分が北極や南極の氷で、川や湖や地下水などの真水は0.1％にも満たないのです。

日本のように、水道の蛇口から飲んでも安全な水が供給されている国は20カ国もありません。日本がなぜ水に恵まれているのかというと、雨が多いこと、そして、どこの国とも水争いをする必要のない島国だからだと言われています。

Warm-up ❷

Q

中央アジアと南アジアの交差点に位置するアフガニスタンで、人道支援に取り組んでいた中村哲医師は2019年に銃撃されて亡くなりました。医師として派遣された中村さんが、「100の診療所より１本の○○○」と考えて取り組んだことは何でしょうか。

「用水路」です。度重なる干ばつで農地が砂漠化し、病人があふれていたアフガニスタン（Afghanistan）。中村医師は十分な食料と安全な水があれば病気が防げると考え、井戸掘りと用水路の建設などに取り組んでいました。その道半ばの出来事でした。

《参考図書》

・『わたしは「セロ弾きのゴーシュ」中村哲が本当に伝えたかったこと』（NHK 出版、2021）
・『希望の一滴　中村哲　アフガン最後の言葉』（西日本新聞社、2020）
・『天、共にあり―アフガニスタン三十年の戦い』（NHK 出版、2013）

実践

アフリカ布をつけて水運びを体験しよう！

三浦 聡美

2019年の７月初旬にマラウイ共和国で行われている水運びを体験する授業を実施しました。事前に英語母語話者のALTと相談し、パワーポイントでマラウイや独立行政法人国際協力機構（JICA：ジャイカ）の活動を紹介する資料を作りました。

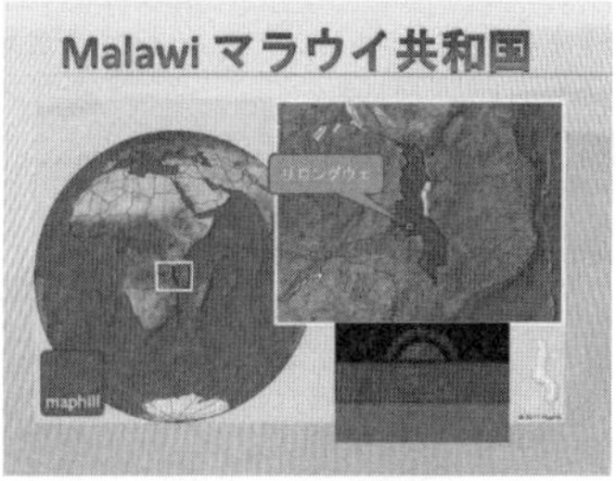

図１　授業資料

図２　授業資料

首都はリロングウェ、面積は日本の３分の１以下で、その約20％は国の東側にあるマラウイ湖です。人口は約1800万人、60年近く続いた植民地から1964年に独立しました。国民の平均収入は１人１日100円くらいで世界180位、世界でもっとも所得が低い国です。主食はンシマというトウモロコシ粉をお湯で練って作る料理です。コロナ前のマラウイには日本人が約170人住んでおり、JICAから派遣された人たちが取り組んでいるプロジェクトの１つに井戸掘りがあります。この国では家族が必要な水を手に入れるのは大変な事なのです。JICAの協力で井戸のある地域が増えつつありますが、まだまだ全ての人が水運びから解放されたわけではありません。日本のように水道の水がそのまま飲める国は世界で20カ国にも満たないのです。そして、その水道すら普及していないのです。

《SNS で情報交換》

この実践は、当時使用していた教科書の各 Unit の最後にあるコーナーで取り上げられている写真から考えついた活動です。すべての単元というわけではありませんが、授業をするときは、通常第７～８時間目に行う予定の Over the Horizon を単元の最初（第１～２時）にやることを提案します。後ろから授業をデザインしていく“バックワードデザイン”の視点は、『ワクワクする小学校英語授業の作り方』（大修館書店）から学びました。

指導案に悩んだりした時に FACEBOOK（以下 FB）で実践報告をすると、‘友だち’から反響があり、実践授業に関してアドバイスや提案ももらえます。投稿へのコメントのやりとりなどから、アイデアを気軽にシェアしたり、多くの情報を得て相談もできるため、ひとりで悩んでいる時に FB は最良のツールです。

マラウイ共和国の「水運び」は SDGs につながるのではないかと考え、児童と実際に「体験」したいと思って計画段階で FB に投稿しました。すると、全国の友だち（先生）から反響が早速ありました。東京の辻弘子先生と島根の行岡七重先生は水運びの実践に必要なアフリカ布を持っておられました。「本物のアフリカ布 kanga を着せて実践してみたら？実際に歩きにくさや雰囲気が伝わるのでは？」とのご提案までいただきました。児童と体験授業の実施まで１週間に迫っている中、アフリカ布を貸してくださり、本物を使えたことでこの活動はより感慨深いものになりました。このようなつながりや情報交換があればこそ、自分の実践をより充実したものにできたと思います。FB などの SNS はスピード感も魅力です。

《「指導案」通りの授業でなくていい》

このような体験学習をしようと思った一番の理由は、授業中全く楽しそうには見えなかったからです（笑）。外国語が教科となり、色々なプレッシャーを感じて縮こまっている感じがしました。

担任の先生の多くも、「全て指導案通りにこなさなければ」というプレッシャーを感じているように見受けられます。また、教科書のタスクは重要ですが、子どもたちが現実味を感じる活動ではないので、受け身になることが多く、そのせいか活気のない様子が教室に漂っていました。これではいけないと思いました。子どもたちが本当に感じていることを反映しながら指導していく方がいいですよね。

《ワクワクする体験授業》

実際には、たらいで水を運ぶなんてことは日本の子どもたちはまず経験することはありません。だからこそ、「やったことのない体験」はワクワクしますよね！アフリカの同年代の子どもたちの生活を知り、自分たちの生活とアフリカの子どもたちの生活を実体験から比較することで、五感＝肌で感じとれることがあると思いました。

授業が始まりパワーポイントを見終わって、HRT が「ここからは教科書は使いません！」と言うと、みんなの目がパッと輝き大歓声！すぐに校庭に集合しました。

図３　水入りたらいを頭に乗せる

図４　裸足になって運んでみる

家庭科室のたらいを校庭に出し、アフリカ布を見せるとワクワクした表情の子どもたちがそこにいました！！教科書の写真のように腰に布を巻いて、３人一組になり、真ん中の子が頭にたらいを乗せ、他の２人はサポートし、校庭を１組ずつ往復します。実施前の子どもたちの反応は「先生、水汲みだけで楽しいです！」「アフリカ布キレイ！」でした。実施後の反応は「水を運ぶって意外に大変」「難しすぎて、毎日やるなんて無理」と、かなり変わりました。実践前と実践後の心境の変化！！最後には裸足になった子どもたちもいました。「やってみないとわからない体験をした」と身をもって実感した瞬間でした。

この活動は今、全国に広まっています。

《注意すべき単語：SDGsと水運び体験》

- □ Afghanistan「アフガニスタン」
- □ sympathy「思いやり」
- □ empathy「他人の感情や経験を理解する能力」
- □ Malawi「マラウイ」
- □ water resources「水資源」
- □ drought「干ばつ」
- □ desertification「砂漠化」
- □ draw water from a well「井戸から水をくむ」
- □ dig a well「井戸を掘る」
- □ irrigation channel「用水路」
- □ fresh water「淡水」
- □ water supply「水道」
- □ tap water「水道水」
- □ kanga (khanga)「アフリカ布」
- □ wind cloth on one's waist「布を腰に巻く」
- □ tub「たらい」
- □ bucket「バケツ」

他人の感情や経験を理解する能力（empathy）を身につける授業

「どのような授業をすればSDGsのゴールに向けてempathyを身につけることができるのか」、そのことを考えた三浦聡美先生は*NHE*のOver the Horizonにある教材に着目しました。SDGsには17のゴールが設定されています。その1つ、「清潔な水と衛生」を子どもたちに考えさせられる写真の1枚に着目し、実践したのが「水運び」です。

同じように、「他者理解」を児童に考えさせたいと考えていた私（北野）は、三浦先生がFBに投稿した授業実践に共感して早速取り組みました。マラウイでは水が大切で、「水道や井戸が整備されていない地域では、子どもたちが何キロも歩いてきれいな水を汲みにいくよ」と書いてあります。この言葉の表面的な意味はわかりますが、児童にこの言葉の重要性をどのように伝えるべきか悩んでいました。水が大切だってことを頭でわかっている児童はいると思います。教科書には、「大事なもの」としてマラウイのところに子どもが水運びをする写真が載っていて、「水がとても大事だからです」と書いてあります。「なんでかな？」と尋ねると、「水が貴重」「あまり雨が降らない？」「水道がないから？」という答えが返ってきました。でも、わかっていない児童もかなりいると思います。とても大事なことなのに、このようなスキルと関係ないところは授業ではさっと流してしまうんです。時間がかかるけれど、こういうことをきちんと理解させることが児童の「他者理解の能力」を高め、外国語を勉強したいという気持ちを高めると思っています。（北野ゆき）

《注意すべき単語：SDGs（持続可能な開発目標）》

□SDGs（Sustainable Developing Goals）（抜粋）

ゴール1：No poverty 貧困をなくそう / ゴール2：Zero hunger 飢餓をゼロに / ゴール6：Clean Water and Sanitation 安全な水とトイレを世界中に（注：sanitation「下水施設」）

第4部

語彙学習が豊かになる学習ポートフォリオによる学習評価
—児童の学習を見える化するLap Book—

児童は学習したことをノートに書きます。そのノートは、書くことよりもそれを使って復習をすることが学習の定着にとって重要です。しかし、先生はノートをとることは指示しますが、その後の使い方の指導はしていないようです。

私（阿部）も10年ほど前までの授業では、児童が調べたこと・学んだこと・考えたことなどを記録するのにノートやワークシートを使用していました。しかし、授業を進めていくうちに、前の時間に書いた情報を見つけるのに苦労したり、ワークシートをなくしてしまったり、記録した内容を次の学習に活用し切れない児童がかなり見受けられることに気がつきました。この状況を改善する方法がないかとインターネットで検索した結果、多くのサイトでラップブックが紹介されていました。見た瞬間に児童にとって面白い活動になると確信しました。

使い方は学習したテーマ毎に取り組んだ学習成果物、情報、記録したメモなどを紙製のフォルダの中に貼っていくだけです。児童は自分の学習記録を見て達成感を得られ、教師は児童の学習の理解度、進捗度を確かめることができ、保護者は自分の子どもの活動の様子がひと目でわかります。「学んだことを見える化」できるので、それをベースに探究的な学習が可能となるのです。（阿部志乃）

Warm-up ①

Q

ポートフォリオとは何ですか？

ポートフォリオは、元来「紙ばさみ」「折りかばん」「書類入れ」という意味です。つまり、個々の書類を別々に扱うのではなく、書類全体をひとつの物として扱うという意味を持っています。学習場面で使う場合は学習内容を振り返るツール、もしくは、個人評価ツールの意味で使われます。児童が学習過程で作った作品や、活動の様子を残した写真などをファイルに入れて保存します。児童自身が、そのファイルを学習の過程で振り返るツールとして利用することを学習ポートフォリオと言います。教師は児童の学習成果を共有し可視化することで、教師、児童、保護者三者と評価も共有することになります。そうすることで、学習者のステップアップにもつなげることができ、それを指導ポートフォリオと言います。

Warm-up ②

Q

英語学習で自立するとはどういうことでしょうか？

学習で自立するということは、必ずしも全て自分だけで学習を進められることを意味しません。学習者は初めのうちは教師に依存しますが、やがて宿題や課題などを自分で学習ができるように成長します。あくまで目安ですが、学習者の英語レベルについては、英検３級を取得するくらいまでが教師に依存する学習者と言っていいでしょう。準２級と２級になると、目標を定めた勉強ができるようになります。準１級や１級になると、自分でゴールと必要な学習内容を決め、自分を評価できる自立した学習者になっていくと考えられます。

実践①

ラップブックの作り方
―食物連鎖―

北野 ゆき

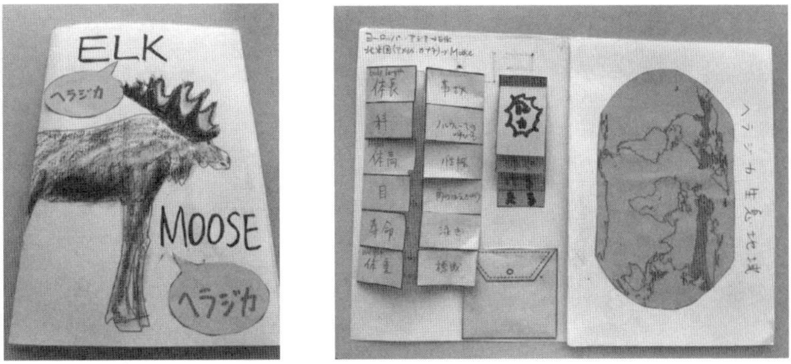

図1、2　ラップブックの見本

実践概要

- **対 象**　6年生
- **時 数**　4時間（4コマ）
- **時 間**　1時間につき15分～20分×4回＝60～80分間

1　公立学校で実施できる

検定教科書を使う公立小学校でラップブックの実践が可能なのか、という疑問を持つ先生方がおられると思います。実践者（北野、赤井）は共に公立の義務教育学校勤務です。ラップブックは授業で使用したプリントをペタペタと貼り付けていったり、わかったことを書き込んで、学習の足跡を１つのファイルにまとめていくだけです。よって画用紙と文房具（はさみ、のり、色鉛筆など）しか使いません。費用はほとんどかかりません。

2 他教科と連携できる

6年生の理科では生物同士の関わりを学び、その課程で光合成や食物連鎖について学習します。この理科の学習とラップブックは親和性が高く、調べ学習に向いています。SDGsの高まりもあり、外国語の学習を連動できないかと考えました。食物連鎖について調べたことをイラストで描き、ポスターにして貼り付けます。その横に調べたことを英語で表します。たとえば、生き物の名前、「何々を食べる」、「どこそこに棲んでいる」ということを英語で表現できれば、外国語の学習になります。

私はTikTokという、短い動画を投稿できるSNSの「ぴえんすぎる生き物紹介」の投稿が大好きです。生き物は一生懸命生きているけれど、「なぜ？」と思えるような間抜けなところもあって笑えるんです。この動画に発想を得て、単元の導入に使っています。どのクラスでも大受けでした。授業での利用に限定した場合は動画の使用は可能だそうです。まず、動機づけとして映像を見せることで生き物に興味を持たせ、1人1種類の生き物の情報を集めることに決めます。各自その生き物を中心にした食物連鎖を調べて、ラップブックにまとめたらワクワクする活動になるのではないかと思いました。

3 ラップブックを作る

調べたい生き物を何にするかを図書室で探すところからスタートします。哺乳類や爬虫類を選ぶ児童が多いのですが、昆虫や海の生き物、食虫植物を選ぶ児童もいます。ラップブックに決まった形式はなく、自由に作っていいのですが、どのように作ったらいいのかわからない児童のために、いろんな色のテンプレートを印刷して教室に置いておきます。私が作った見本を置いておくと、どの紙がどのように使われているのか自分で考えて使っていました。

4　外国語学習として

英語の説明文を書くために、まずターゲットセンテンスを示します。学習テーマが食物連鎖の時は，“... eat ... .” “... live ... .” としました。自分たちが選んだ生き物を含む食物連鎖と、その生き物の棲んでいる場所は必ず書くことにしました。それと、オモシロ情報（あるいはみんなが知らない情報）を載せることにしました。

5　ラップブック作成にかける時間

実際に授業で使った時間は15分～20分×４回です。調べて、書いて、レイアウトしてという作業量にしてはかなり短い時間です。休み時間にコツコツ作ったり、家に持ち帰りもOKにしていたので、かなりの児童が自主学習として家でやっていました。１人ひとりがそれぞれの好みとセンスで自由に作りました。最初は「難しい～」と言っていましたが、今は「もっと作り込みたい」「調べれば調べるほど面白くなってくる」「早くクラスのみんなのラップブックを見たい」というように、ワクワクして作っています。

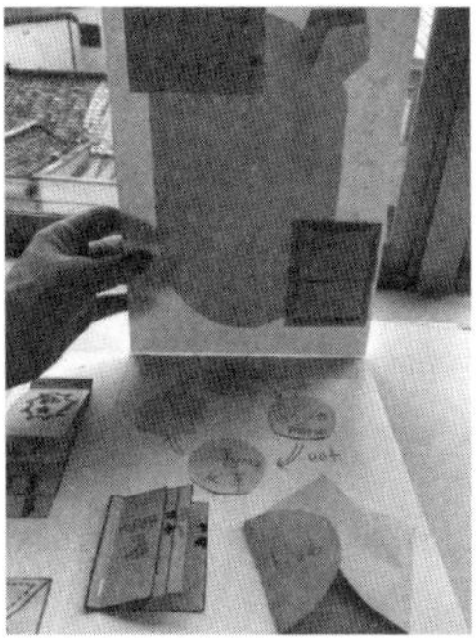

図3　テンプレート

6　家庭との連携

学校でプレゼンをする前に家での練習を奨励しています。ラップブックを持ち帰り、家の人に出来上がる過程をプレゼンする予行演習のように聞いてもらいます。６年生にもなると、家で授業のことを話すことはなくなります。でも、家の人にはがんばったこのラップブックを見てもらいたいと思いました。きっと親に見せなかった児童もいるでしょう。でも、ちゃんと保護者からのコメントをもらってきた児童もいます。その内容は総じて肯定的で、励ましの言葉でした。

「毎日コツコツと楽しそうに作っていました」

「上手にレイアウトして作っていることに驚きました」

「楽しそうにスピーチして本人が楽しそうに語ることが一番です」

保護者からのこの言葉は、学習成果に対する評価です。「学習を児童にも保護者にも見える化」しています。保護者からの評価も重要です。

7　学校でのプレゼン

クラスで発表する日がやってきました。班の中でお互いにプレゼンをし合い、棲んでいるところ、食べるもの（食物連鎖）は英語で表現、オモシロ情報は日本語で伝えます。ヘビについて調べた児童はこう書いています。

> 発表例：Snakes live in the forest. Eagles eat snakes. Snakes eat frogs. Frogs eat bugs.
>
> ヘビは種類によって心臓の位置が違います。木の上にすんでいるヘビは頭の近くに心臓があり、水中にすんでいるヘビは頭から遠いところに心臓があります。

クラスみんなのラップブックを見るのはとても楽しそうでした。ラップブックって飛び出す絵本のように、開いてみるとあっと驚くような仕掛け。その中にはびっくりするような情報が詰まっています。図鑑よりも詳しくて楽しく見ることができます。そして、その説明をクラスメイトがしてくれるのです。心配だった英語での説明だって、仲間の説明だから「難しくない」「よくわかる！」のです。こんな楽しいことがあるでしょうか。ラップブックを見せながら伝えた当日の振り返りは、知らなかったことを知った驚きと喜びにあふれていました。

実践②

ラップブックの作り方
―環境―

赤井 晴子

実践概要

対象 6年生

時数 9時間（9コマ）

時間 1時間につき10分間×9コマ＝90分間

1 教科書に基づいたラップブックの作成指導

教科書のUnitの最後のページを活用してラップブックを作ることを思いつきました。英語専科の教員の私とALT、時に学級担任が参加した初めてのラップブック指導でした。テーマは「環境」で色々な考えを入れ込みながらラップブックを作成していきました。目標は、「地球に暮らす生き物について考え、そのつながりを発表しよう」です。学習内容は①絶滅危惧種　②水の循環　③ごみを減らす　④水を大切に使う　⑤ボランティアをする　⑥ワンガリ・マータイさんの「MOTTAINAI」で、ラップブックでは①～④を選びました。

2 ラップブック作成のための指導実践紹介

ラップブック作成のための指導は授業内容の一部として取り入れました。授業の時間配分では、最後の10分間をラップブック指導に充てました（表1）。このように、教科書を用いる通常の授業の中で少しずつ指導の時間を積み重ねていけば、無理なくラップブックを導入することができます。

（1）授業の時間配分

表1

時間	活動
5分	挨拶、日付、天気など、その時間のターゲットセンテンスを使った Small Talk 指導
10分	フォニックス指導
15分	教科書を中心とした指導
10分	ラップブック作成のための指導
5分	振り返り、挨拶など

（2）9時間（9コマ）の実践内容

《1時間目》 ラップブックの紹介

ねらい　ラップブックについて理解する

クラスのほとんどがラップブックという言葉を初めて聞きます。そこで、具体的なイメージがわきやすいように見本を作りました。それを見て「何が起こるのだろう？」と初めて経験する活動へのワクワク感が伝わってきました。

《2時間目》 ラップブックの表紙書き

ねらい　タイトルを考える

A 4の紙を配り、ラップブックの表紙を作ることを説明して、まず英語の表題を書かせました。最初から英語で書かせるのはハードルが高いので、教科書の We all live on the Earth. や The Eart を黒板に書いておきました。英文字を書くことに慣れていない児童もいるので、絵でもイラストでも良しとしました。

《3時間目》 発表準備とコンテンツのための学習　①

ねらい　食物連鎖（6年理科）を復習する

ラップブックのコンテンツは「地球に起こっていることを多角的にとらえる」ことです。水の循環、水危機、水の詩、食物連鎖、食料危機、輸入食材、動物棲息地図、絶滅危惧種等、何でもありの状態です。１つのテーマで掘り下げるより、気がついたことやわかったことを少しずつ書くという方式にしました。何を選ぶかは児童に任せましたが、何もヒントがないとなかなかアイデアが出てきませんでした。そのため、理科で学習した「食物連鎖について」と「水について」を復習することにしました。

まず、「食物連鎖」の復習です。生き物の棲んでいる所、食べている物の確認から始め、ペアで尋ね合う活動としました。生き物の棲んでいる場所についてはできるだけ英語を使わせたいと考え、理科の教科書から単語を探し、「自然」のカテゴリーから「海 sea」「湖 lake」「山 mountain」「川 river」「熱帯雨林 rain forest」「森 forest」「湿地 wetlands」「サバンナ savanna」「砂漠 desert」の８語を選び、英語も併せて板書しました。すると、「その場所に棲息していない生き物もいるのでは？」との質問があり、「農場 farm」と「北極 North Pole」と「南極 South Pole」も加えました。

食物連鎖の発表に向けての準備として、生き物の棲んでいる場所をグループで話し合わせ、棲息している場所には動物のイラストを貼り付け、その名前を書くように指示しました。その棲息地と動物名を４人グループで話し合わせたのですが、グループによってもかなり違ったものになりました。動物の絵と英語名が書いてあるカードは、絵辞書に載っている動物や海の生き物を参考にして、児童と指導者が絵を描き、それをコピーして班に渡しました。それに合わせて、担任には英語の時間に日本語で１学期に理科で学んだ「食物連鎖」の復習をしてもらいました。

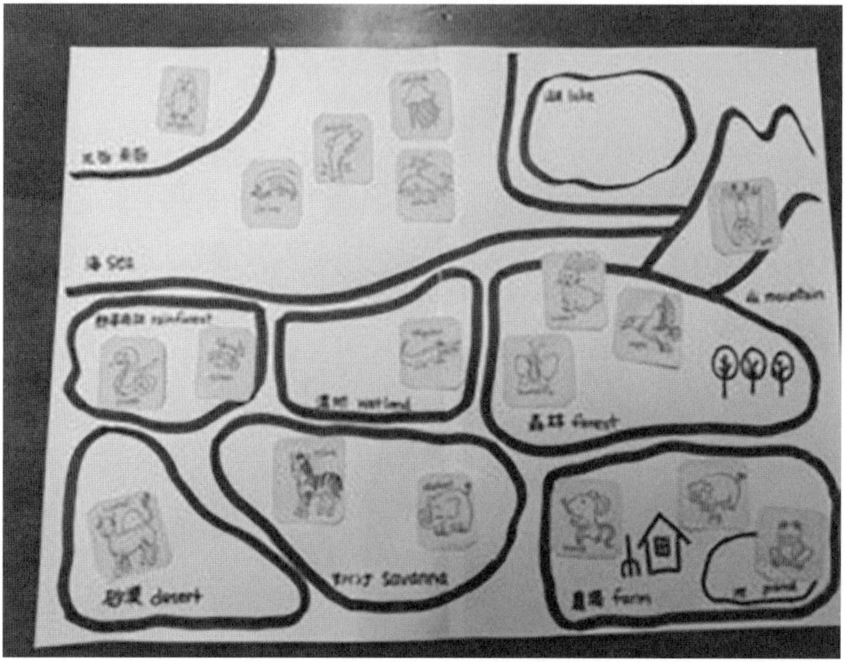

図４　動物の棲息地をまとめた図

《４時間目》 発表準備とコンテンツのための学習　②

ねらい　水の循環（４年理科）を復習する

食物連鎖については４人グループで発表することを指示しました。グループの中で傍観者や脱落者を作らないため、４人全員に役割を与えます。リーダーを中心に何に関する食物連鎖を調べるかをまず話し合って決め、次に「絵を中心に描く人」「文章を考える人」「英文を書く人」などの役割を決めますが、役割にこだわらず、お互いに助け合いながら共同作業をしていました。ただ、ラップブックには４人同じものを書くのではなく、自分なりの食物連鎖を書いても良いこととしました。

【水の循環の復習】

ラップブックのコンテンツでは水の問題も扱います。４年生の理科で「水の循環」を学んでいますので、復習も兼ねて指導者用教科書に載っていた英文を担任に読んでもらいました。日本語の説明に続けて英語で説明の順です。

この図が教科書に掲載されていたので、「水のゆくえ」を模造紙に描いて説明しました。既に学んで知っている知識なので、英語の説明を理解できるかどうか真剣に聞き入っていました。その後、ラップブックを作る活動に入りました。

図５　担任による水の循環の復習

《５時間目》 グループ発表の準備とラップブック作成

ねらい　発表の仕方を理解する

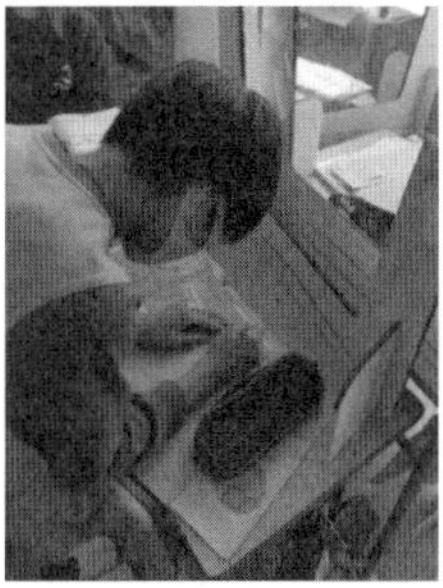

図６　ラップブック作成中

７時間目に行う食物連鎖の発表のモデル映像を指導者用デジタル教科書で視聴し、映像を参考に発表するよう伝えました。視聴後は、ラップブック作成の作業を進めました。

《6時間目》 コンテンツのための英詩作り

ねらい　水について考え、水に関連する語彙に触れる

最初に英詩「水の詩」を紹介しました。

Water, water,
Blue and wide
Water, water,
You are the ocean

次に、「水の詩」のように、水に呼びかけて自分の感じたことを表す詩を作り、ラップブックに書き込むように指示しました。水の詩を作るのに必要と思われる名詞や形容詞は日本語の対訳（省略）をつけ、プリントで渡しました。

□ 名詞
sea/ocean/river/waterfall/stream/lake/pond/typhoon/rain/groundwater/tap water/icicle/iceberg

□ 形容詞
powerful/calm/refreshing/peaceful/splashy/shiny/rough/strong/nice/great/blue/white/green/clear/pure/hot/warm/cold

詩の学習では言葉を声に出す朗読は効果的で、全員がんばって暗記していました。会話文では得られない英語の音のリズムを理解できたようです。

《7時間目》 食物連鎖の発表

ねらい　単元のゴール活動を行う

食物連鎖は４人グループで発表しました。チームワークが必要とされるので、難易度が上がったと感じたようです。発表が終わったら、その内容をラップブックに書き加えても良いと指導しました。ただ、この時は海洋生物の食物連鎖を扱う班が多かったので、他の動物を扱った班とは別に個人的に調べても良いと伝えました。また、絵を描くのが苦手な児童のために、班で発表したものを写真に撮り、縮小してラップブックに貼り付けても良いことにしました。

《８時間目》 ゴミ問題への意識を高める

ねらい　ゲームを通してゴミ問題を理解する

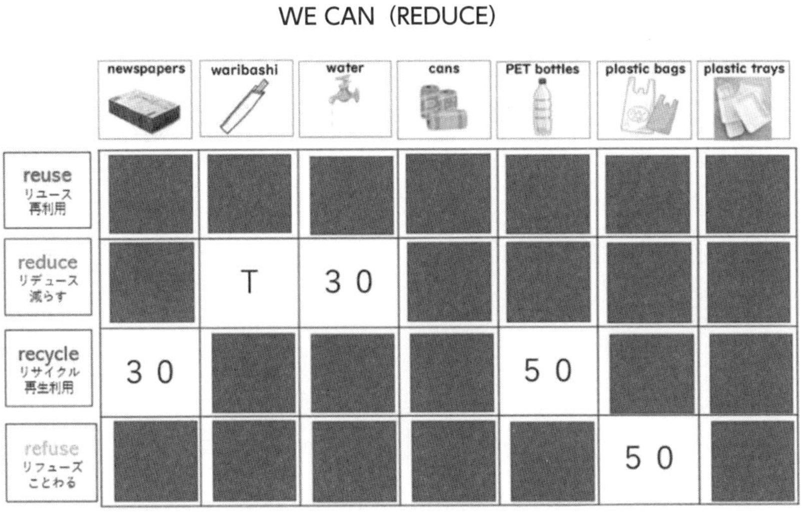

図７　台風ゲームのパワーポイント（スライド）

地球の問題としてゴミ問題があります。「ごみを減らす」ことに意識を高める授業では Power Point で作った「台風ゲーム」を行いました。

台風ゲームは

横軸に７つの名詞：newspapers/waribashi/water/cans/PET bottles/plastic bags/plastic trays

縦軸に４つの動詞：reuse「リユース、再利用する」/ reduce「リデュース、ゴミを減らす」/ recycle「リサイクル、再生利用する」/ refuse「リフューズ、過剰包装などを断る」

があります。縦と横の見出しの内側には７×４＝28のセルがあります。

最初は見出し以外のセルは裏返っていて青色をしています。青色を取ると、各セルには点数またはＴの文字があり、Ｔの文字は台風（Typhoon）を表します。ターゲットセンテンスは We can reduce waribashi. です。その組み合わせのセルには最初からＴ（台風カード）が示してあります。

このゲームは４人グループで競い、各グループが縦と横を組み合わせて、We can refuse plastic bags. のように順番に文章を作っていきます。青いセルの点数は、教員が環境を良くすることに貢献しそうな行為に応じて点数を決めます。Ｔ（台風カード）は We can refuse newspapers. のように、環境保全に寄与しないか、関係のない行為のセルに置かれています。画面の数字が班が獲得した得点です。しかし、Ｔカードを引くと獲得した点数全てが０になってしまいます。

《９時間目》 ラップブック指導のまとめ

ねらい ラップブックを仕上げ、グループ間で発表と評価を行う

今までやってきた授業で作った資料などをラップブックに貼っていき、出来たラップブックを班で発表し、お互いに評価し合いました。出来上がったら家に持ち帰り、「ラップブックを使って調べたものの中の１つを保護者に紹介し、保護者のコメントをもらってくる」という宿題を出しました。学校で何を学習しているのかを保護者にも知って欲しいということと、頑張っている姿を見てほしいからです。

ここで、保護者のコメント（一部）を紹介します。保護者も子どもたちの頑張りに対し丁寧なコメントを書いてくれました。

図8、9　班での発表の様子

・"water" の発音に気をつけ上手く説明できました。細かいしかけとカラフルさが目を引きました
・food chain も水に関することも英語でしっかり書かれていたと思いました
・食物連鎖について英語とイラストでわかりやすく説明してくれたので、自分で作成・発表することで理解が深まるんだと思いました
・イラストが上手で、絶滅危惧種が頭にスッと入ってきました。安全に飲める水は本当に少ないですね。大切に使わないといけませんね
・自分なりに考えて作ったのだと思いました。地球のため、絶滅危惧種の動物たちのためにできることを実践して欲しいと思います
・4Rs について話してくれました。これからも英語をたくさん勉強して、世界で起きている事などを英語で知ることができたらいいですね

ラップブックのように学習したことを1つのフォルダにまとめる学習ポートフォリオは、後から学習を振り返り、自分の成長を実感できるツールです。児童が作成したラップブックは、卒業まで私が一時的に預かり、卒業記念として贈ります。児童は受け取ったラップブックのコンテンツを1つひとつ見ながら、外国語で行った学びを思い出すことでしょう。

まとめ

ラップブックを学習評価にどう生かすか？

酒井 志延

ラップブックを学習評価に生かすには、マトリックスを使う方法がいいと思います。表２は、立場の異なる評価者からの評価例です。家庭でラップブックの発表をして評価をもらい、授業中に班の中で発表し合い、全員で評価し、その平均を書くようにします。これには教員も評価に加わります。評価の程度は、「わかりやすい」「まあまあ」「わかりにくい」の３段階くらいでいいでしょう。

表2

評価する人	評価
家庭からの評価	
班での評価	
先生からの評価	
自分の評価	
合計	

自分自身の評価については、「字を丁寧に書いた」「折り目や糊づけがしっかりできている」「本で調べたことをどのくらい書いたか」「提出期限を守れたか」というような、具体的な方が他人の評価にも納得できるのではないでしょうか。ラップブックの作成に入る前にこのような評価をすることを告げて、評価について児童と共有しておく方がいいでしょう。そうすれば、家族に見せるんだ、頑張るぞという動機づけにもなります。

ラップブック指導を長年続けている阿部先生が、「短期で覚えたことは短期で忘れますが、長い期間をかけて繰り返し触れて、自分ごととして自分自身で気がついて覚えたことは忘れないのではないか」と書いていらっしゃいます。ラップブックでの語彙学習はまさにそのことを具現化していると思います。

ラップブックを通した語彙学習

図12で示した作品は北野先生の授業で児童が作り上げたものです。ラップブックの形とは異なりますがその制作過程で辞書や機械翻訳を何度も使って英文を作り上げています。Axolotl という単語は重要ではないかもしれませんし、スペリング等で若干ローカルエラーもあります。それでも、外国語を習得するときに最も重要な態度、間違いを恐れずにやってみることができています。「付随的に学習する活動の方が小学校には合っている」という阿部先生の言葉は、このような活動を通した語彙学習の重要性を指摘しています。

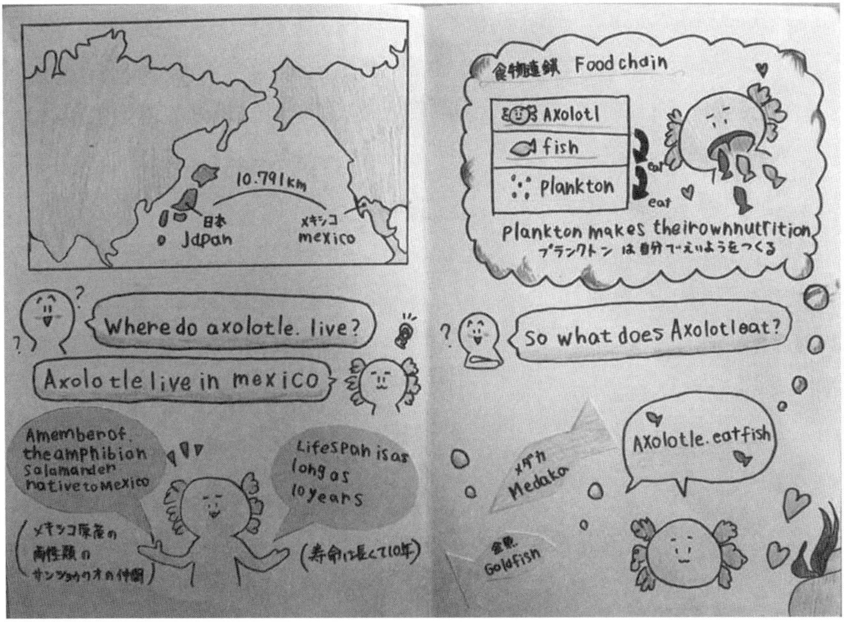

図10　axolotl「メキシコサンショウウオ」についてのラップブック
（守口市立さつき学園　正源心くんの作品）

《Words：理科の復習として使った食物連鎖の単語》

☐sea/lake/mountain/river/rain/rain forest/forest/wetland/savanna/desert/farm/North Pole/South Pole

《Words：英詩「水の歌」を作る時のプリント》

［名詞］

☐sea / ocean / river / waterfall「滝」/ stream「小川」/ lake/pond / typhoon「台風」/ rain / groundwater「地下水」/ tap water「水道水」/ icicle「つらら」/ iceberg「氷山」

［形容詞］

☐powerful「力強い」
☐calm「穏やかな」
☐refreshing「さわやかな」
☐peaceful「静かな」
☐splashy「派手な」
☐shiny「輝く」
☐rough「荒れた」
☐pure「澄んだ」

他に既習語として/ strong / nice / great / blue / white / green / clear / hot / warm / cold など

《Words：「ゴミ問題を考えるゲーム」で使う単語》

☐newspaper「新聞紙」
☐water「水」
☐can「缶」
☐PET（bottle）「ペットボトル」
　普通は plastic bottle
☐plastic bag「ビニール袋、ポリ袋」
☐plastic tray「プラスティックトレイ」
☐reuse「再利用する」
☐reduce「ゴミを減らす」
☐recycle「再生利用する」
☐refuse「過剰包装などを断る」

〈注意すべき単語：自然〉

□ river source「水源」

□ river「(一般的な）川」/ stream「小川」/big（large）river「大河」

□ lake「湖」/ pond「池」/ bog「沼」/ wetlands「湿地、沼地」

・湖は沿岸植物が侵入できない深さのもの / 池は窪地に水が溜まった所や窪みを作って水をたくわえた所 / 沼は泥が深く藻などが繁茂した所

□「森」は大きさの順に forest>woods>grove

□ hill「丘」/ foothill「小さな丘」

□ valley「(なだらかな）谷間」/ canyon「(大きな）渓谷」

□ mountain「山」/ mountains「山脈」/ volcano「火山」

□「頂上」の区別：top 山以外にも使う /summit 山の頂上や偉大なものに使い複数形はない /peak 山の頂が３つ連なっていたら three peaks

□「海岸」の区別：coast「(陸地から見た）海岸」/shore「(海から見た）海岸」/beach「(海水浴などをする）海岸」

□「港」の区別：port「(客船・商船などが寄稿する）港」/ harbor「(波風を避けるのに適した自然の）港」

□「入江・湾」は大きさの順に gulf>bay>cove

・the Persian Gulf「ペルシャ湾」/・Suruga Bay「駿河湾」

〈注意すべき単語：環境〉

□ ４Rs ＝ reduce, refuse, reuse, recycle

□ fossil fuel「化石燃料」

□ greenhouse effect「温室効果」

□ acid rain「酸性雨」

□ global warming「地球温暖化」

★食物連鎖で使用する単語は巻末に収録しています

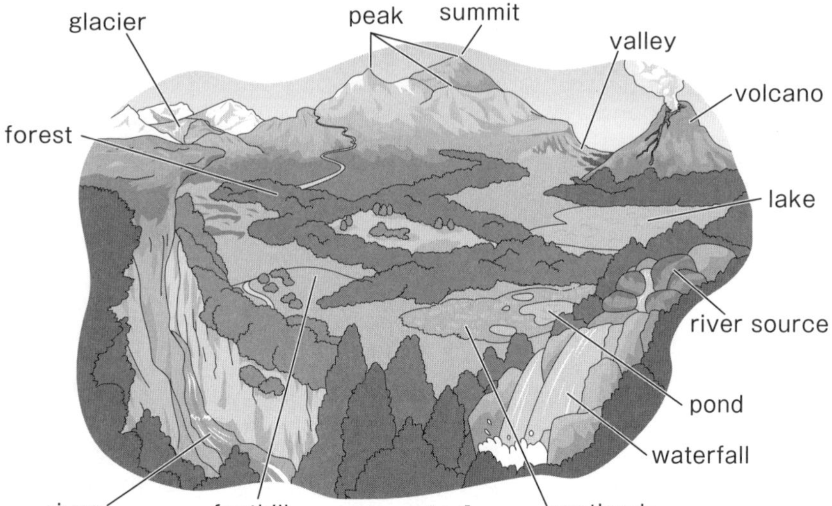

mountains

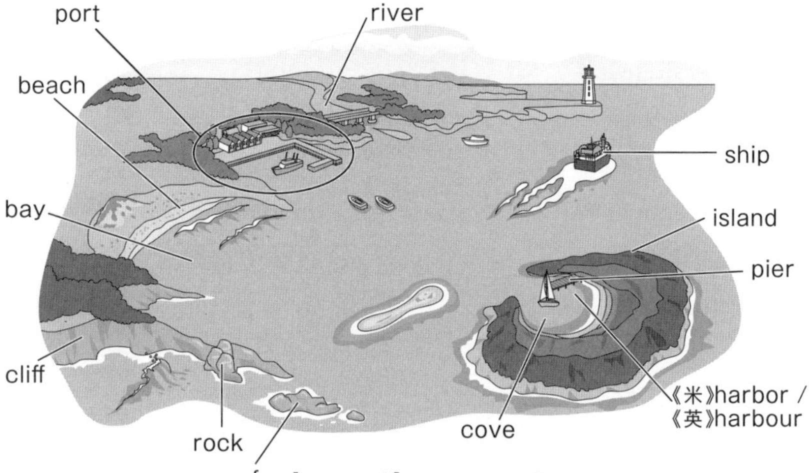

along the coast

第5部

探究型の学びを求めて
課題を見つけ、情報を集め、子ども同士で解決する平和学習

プロジェクト学習での語彙学習とは

　プロジェクト学習とは課題解決型学習のことで、目標を達成するためにクラスのメンバーと協同的に取り組む学習方法です。

　小学校の外国語学習での語彙指導について、具体的にどのような指導があるのかと問われたら、「プロジェクト学習を通して、付随的に語彙を学習する機会を作る指導」と答えています。語彙を習得するためには１回だけの活動ではとても無理で、繰り返し経験することが必要になります。英語を用いた自己紹介や日本文化紹介のような話題は、どの教科書にも扱われているトピックです。でも、その習った語彙や表現は、授業が終わると現実の世界で使う機会はほとんどありません。だからこそ、「なぜ学校で英語を学ぶの？」と聞いてくるのではないでしょうか。大人と違って「外国語を学ぶ」動機がはっきりしていないため、授業中に覚えることを強制される表現や語彙は、「何のため」に必要なのかよくわからないのかもしれません。他人から言われて取り組むのと、本人が意識を持って取り組むのとでは大きな違いがあるのではないでしょうか。そのためにも語学を学ぶことの必要性を体感させられる授業をしたいものです。

（阿部志乃）

実践①

人間としての成長につなげる平和学習

北野 ゆき

1 外国語教育の学びとは

「外国のことばを知るのは楽しいな」「外国のことを知るのはワクワクする」、それが外国語との出会いの時の気持ちだと思います。そこからスタートして、外に開かれた目を育て、自らを客観的に見る目を育てていくのが外国語学習だと思っています。外国語を学ぶということは、読み書きのスキルを磨くだけではなくその言葉を話している国の文化、歴史的な背景などを学ぶことで、自国の文化との違いに気づき、相手を認めることでグローバルな世界観や教養が身についていくことですよね。

2 日常の学校生活から学ぶ外国語

機械的に暗記し、暗記した文を機械的に口から出す。そんな言葉は「生きていない」。そうではなくて、生きていることばとして児童と英語を「仲良し」にするには、外国語の時間だけでなく他の教科や活動、行事、給食も絡ませればよいのだと、学級担任をしている中で気づいていきました。

英語の学習を教科書だけでなく、あらゆることに関連づけて生活体験を通して学ぶ授業、人間としての成長につなげる授業を作る。つまり、外国語を他の教科とかけ離れた一教科として扱うのではなく、他の教科や日常と有機的に結びついていると考える。これが私の基本姿勢です。6年生の修学旅行は、平和学習として毎年広島へ行っていました。それならばその平和学習も英語でやってみようと思いつきました。

3　平和学習のプロジェクトを考えつく

世界には異なる文化や言葉を持った人たちがいて、知らない世界が存在することを知り、そこに興味を持つことから３年生の授業はスタートします。４年生になってから、外国や異文化を理解したいという気持ちを強く持つことができるような授業を心がけています。この気持ちを強く持っていないと、外国語学習をずっと続けて行こうという根気が続かないのではないかと思っています。５年生では「ことば」や「文字」について考える指導を始めます。ことばの奥深さ、面白さ、大切さに気づかせたいと考えています。ことばは何のためにあるのか、何のために使うのかというところから、異文化を持つ人とのコミュニケーションだけでなく、人権、平和へとつなげていきます。

言うなれば「人間としての成長につなげる授業」です。平和学習プロジェクトは６年生で行うのですが、外国語活動が始まる３年生から少しずつ、少しずつ、平和への願いをこめた授業作りを積み重ねていくのです。最後の外国語の時間に６年生が書いた言葉です。

「今はウクライナとロシアが戦争しているけれど、お互いの文化を「これすごいね」とわかりあえれば、きっとまた平和な世界にすることができると思う。これからも「自分の考えが正しい」と思うのではなくて、「他にも色々な考え方がある」とわかっていた方がいいと思う。」

4　体験後のまとめ

広島の修学旅行が終わるとその体験をまとめます。体験の詳細については『ワクワクする英語授業の作り方』（大修館書店）を参照下さい。原爆の遺物の写真から犠牲者のストーリーを作成します。広島の原爆で亡くなった方の人数は14万人。でも、その１人ひとりにそれぞれの家族がいて、

人生があった。そのことを考えて欲しくて「『この世界の片隅に』プロジェクト」と名づけ、調べ学習を進めました。平和資料館では写真で見ていたものの実物を見て改めて胸に刺さるものがあったようです。背景を描くにも、服装を考えるにも、食べ物についても、時代考証が必要。戦時中、どんな暮らしをしていて、どんな勉強をしていたのか。しゃべるにも広島弁が必要。

機械翻訳も何度か経験しています。広島弁の翻訳のサイトもあるはずと探し出し、主人公たちの言葉を広島弁にしたグループもありました。原爆がどこに投下され、どのように被害が広がり、展示品の持ち主（主人公）はどこにいて、何をしていたのか。作品本編には出てこないことでもしっかり調べていました。敬意を持ってストーリーを作らないといけない。みんな一生懸命考え、作っていきました。デジタルとアナログをうまい具合にミックスさせています。紙芝居のようにしたり、劇にしたり、ペープサート（紙人形劇）にしたり、デジタルのスキルをうまく融合させて作品に仕上げています。私たち教師が全く教えていない（知らなかった）スキルをバンバン使っています。提出してきた作品をみんなで鑑賞し、それぞれのグループに対して「よかったところ」「改善すべきところ」を書いて渡しました。それをグループで読んで、修正をかけていく予定です。修正をかけるのもデジタルだからかなり楽です。

子どもたちはすごいです。タブレットやiPadなど、与えられた機器を自由に使いこなすようになっていきました。機械翻訳などは簡単に使いこなしています。それがGIGAスクール構想の目的でもあるということがよくわかります。

実践②

チョコレート・プロジェクト　その1

この実践の資料はこちらから

阿部 志乃

1　チョコレート・プロジェクトの教育的意義

教科書を使って「道順を説明する」「自己紹介をする」「料理を注文する」といった、架空の場面を想定したダイアローグを練習する授業も必要です。しかし、その練習は授業の中だけで終わってしまっていませんか。なぜなら、実際にその表現をどこで使うのかという点がおざなりになっているからです。その場は楽しくても、児童は練習したダイアローグを実際に使えるという実感が持てないままです。

発信練習は重要ですが、必要性を感じない会話だけをするのではなく、時には教科書を離れ、もっと自由に、もっと世界に繋がる「テーマ」を扱う授業を取り入れてもいいと思います。小学校ですから、外国語の授業で英語以外のことを学ぶ機会をぜひ増やしていただきたいと思っています。むしろ、外国語の授業で英語だけをやるのでは（教師も児童も）おもしろくありません。

日本で美味しく食べているチョコレート、どこで、誰が、どのように作っているのか考えたことはありますか。海の向こうには、チョコレート産業に関わりつつも、実際にチョコレートを見たことがない子どもたちがいます。児童労働は授業で取り上げにくい問題です。でも、私たちの身近にある商品の後ろ側には、実は大きな問題が隠れています。その事実を知っているのと知らないのとでは、社会の中での自分自身の行動に大きな変化があるはずです。他教科で扱いが難しいのなら、外国語の授業でならテーマとして扱うことができるのではないか。外国語としての授業なら、小学生の授業だということに躊躇することなく、世界で起こっている問題に目を向けられます。内向きの授業ではなく、「国の内外にアンテナを張る」ことで将来にわたって「心」を耕し続けることを目指せるのではないかと思いました。

2 カカオ豆を手に取らせる

５年生にカカオ豆の実物を見せてみました。手に取ってじっくり観察し、これはいったい何かを考えています。それを見て、カカオ豆から自分たちでチョコレートを作るのは面白いのではないかと思いつきました。

ここでひと工夫しました。作り方を教員は一切教えなかったのです。児童だけで調べ学習をし、調理法と必要な道具を見つけ、英語で書かれたレシピ（第６部⓫. pp.176-177に掲載）を読ませて、作り方が合っているかどうか確認する。この指導は英語学習の良い動機につながるのではないかと考えました。

実際にチョコレートをカカオ豆から手作りすると、普段食べているチョコレートを作るのに大量のカカオ豆が必要なこと、その作業の大変さを知り、子どもたちは驚きます。このカカオ豆はガーナという国から来たこと、ガーナでは大人と一緒に子どもたちもカカオ豆農場で働いていることがわかりました。そこから何を感じるのか、毎年子どもたちの反応は違いますが、お店でチョコレートを見たときに今までとは違う見方になる、このチョコレート・プロジェクト（以下、チョコプロ）はそのきっかけを作っていると実感しています。

私（阿部）が指導した様子はQRコードで読み取れます。

実践③

チョコレート・プロジェクト　その2

北野 ゆき

1　公立小学校での実施について

私は阿部先生の発表を見て、次の点に強い衝撃を受けました。

① 英語の資料を使ったカカオ豆についての調べ学習であること
② 初めてチョコレートを作るのに英語のレシピしか与えないこと
③ ガーナのカカオ農家の生活実態を調べて、日本の生活とガーナの生活を比較する発表活動であること

即座に「私もやりたい」と思いました。どんな教育実践であろうと、自分自身も、児童もワクワクして取り組むという確信を持てない限りやりたくないのです。今までにこのチョコプロに２回挑戦しましたが、学校の環境が異なるためか、阿部先生の実践と同じレベルに届きませんでした。けれども、近づける方法はあるのではないかと考えました。年度が異なりますが２回の実践のうち、１回目は外国語の授業になるか確信が持てなかったので総合的な学習の時間で実施しました。

2　実践記録

第１回目　総合的な学習の時間での実践記録

(1) 1時間目【豆を感じる】

５年生に何が入っているかを告げないでカカオ豆が入った黒い袋を渡し、

袋の上から触らせます。袋に手を入れて直接触った感想は「固い」「小さい」「皮がついてる」。袋を振って音も確かめた感想では「小石を軽くぶつけたみたいな音」。袋を開けて匂いをかぐと「おしゃぶりこんぶみたい」「くっさー」「チョコレートの匂い」「コーヒー？」などの感想が出ます。

次に、袋から出して見た感想は「茶色い」。ひどい味がするので食べない方がいいよと言ったのに、ガブリと食べてしまった感想は「にがっ！！」「ドングリ食べた時みたい」。

感想や疑問をどんどん出させました：

・カカオは茶色いと思っていたけど中身は黒いのだとわかりました

・チョコより苦くてどうやって甘くするのか気になった

（2）2、3時間目【書籍や電子機器で調べる】

調べ学習のまとめからの抜粋：

・チョコレートは出来上がるまでの工程がとても複雑。国によっては僕たちが宿題をする感覚でチョコレートを作る人がいる

・作り方は思った以上に難しくて材料は少ないのにびっくりした

・ホワイトチョコレートはカカオ豆の脂肪分のカカオバターを使っているので白色になると知りました

・今日の給食が522キロカロリーだったのを見て「ホワイトチョコレート100グラムのカロリーの方が、給食より高い！」と叫んでいました

（参考図書『チョコレートができるまで』岩崎書店）

（3）4時間目【作る前の打ち合わせ】

カカオ豆からチョコレートを作る方法の打ち合わせです。何を用意してどうやってやるのか、最適と思われる方法を調べて考えます。本に載っているのは、ほとんどが専門の機械を使っています。その上、まる1日以上かかると書いてあります。「無理やん」「機械もないし」「時間もないし」「すり鉢とかミキサーとかは？」と、甲論乙駁で時間切れでした。

その日の帰りの会でのテーマを、「カカオ豆をチョコレートにするには何が必要かを、専用の機械を使わずに家や学校にあるもので考える」にしました。すると、ボウル、泡立て器、ミキサー、包丁、まな板、大きなスプーン、皿、温度計、ヘラ、すり鉢、電子レンジ、フライパン、フードプロセッサーなどの案が出てきました。「温度、きっちり測っていかないとあかんやん」「温度計、どこにある？」「理科の先生に言ってみよう」と、議論百出です。

図１　自分の力で調べよう

（4）５時間目【実習前の最終打ち合わせ】

グループ分けして必要なものはそれぞれのグループで決めることにしました。ただし、外国語活動にするために調理室に持っていけるのは英語で書かれたレシピだけとしました。そうと決まったら英和辞典を持ってきて、レシピにある言葉を調べるグループもいました。「調べる単語はどうやって決めたん？」と聞くと、「10ー15っていうのはきっと10分から15分っていう意味やと思ったから、「分」の意味で合ってるかを確認した」とか、「大事そうと思ったgrindとかを引いた」と答えが返ってきました。もちろん、タブレットで単語を打って、英語の意味を調べるグループもありました。日本語で書かれているサイトを探して作り方を覚え、そこから英語の資料と突き合わせていくグループ、写真を見て日本語で調べた内容と照らし合わせていくグループもあり、砂糖の量や必要な道具なども相談しています。打ち合わせに２時間使いましたが結論が出ず、休み時間ごとに集まって相談している姿は主体的で対話的な学びになっていました。

「YouTubeの動画って見て大丈夫ですか？」と不安げに聞かれたので、「学校でフィルターがかかっているけれど自分たちで判断して」と、判断は児童に任せました。必要な資料を自分たちで取捨選択していくのも大事な学びです。明治製菓や森永製菓のサイトにアクセスするという方法もありです。

（5）6時間目【チョコレート作り】

カカオ豆からチョコレートを作る日がやってきました。横須賀学院から借り受けたすり鉢とすりこぎ、フードプロセッサーもあり、思ったよりも潤沢に器具が揃いました。英文のレシピには日本語の書き込みをせっせとしていましたが、散々調べたので基本的な手順はみんなの頭の中に入っています。前もって担任２人で予備実験をしていたので、注意すべきことはそのつど伝えました。「とにかく２時間しかないから協力して頑張れ！」と、ハッパをかけてスタート。

図２　豆をするのは難しい

火が入った途端、「うわぁ、変な匂い」だったのが、少ししたら「うわぁ、チョコレートの匂い！」に変わっていき、「焦げたらあかんのやろ？」とかなり慎重になっていきました。皮をむくのが相当大変だったようですが、焦げて「カカオふりかけ」状態になったグループはありませんでした。すり鉢とすりこぎの使い方を知らない児童がほとんどです。思わずすりこぎ指導に入りました。まさかの盲点。なかなかねっとりしないので「力入れて！」「全力で！」「交代しながら！」と、喝を入れました。フードプロセッサーを使った班はやはり早く、「やったぞ！文明の利器の力を思い知ったか！」と得意満面でした。砂糖を投入し、湯煎しようとして大量に水が入ってしまった班もありました。

「先生、余分のカカオはないですか？」と聞くので、「ごめん、全部使い切ったよ」と答えると、「もうダメだ」「あー、終わった」と悲しむ子たち。ところが、なんとこの班、カカオを取り除いた「茶色い水」が 「激ウマ！」でした。私も飲んでみましたが、濃厚なココアです。２時間という時間内に完成した班は２班だけでした。砂糖を入れたらまた粉の状態に戻ってしまった班もあり、完成した班も試食までする時間はなかったので全員持ち帰りになりました。

図３　力いっぱい！

「粉やったけど、味はちゃんとチョコレート」「砂っぽいチョコレート」「ザラザラのチョコレート」「苦かった」「ちょっと焦げ臭いチョコレート」が食べた感想であり、「普通に売ってるチョコレートは偉大や」「すげーな、チョコレートメーカー」と負けを認めていました。

（6）７時間目【４年生に向けてプレゼンテーション】

４年生に向けてチョコプロについてのプレゼンをすることになりました。プレゼンの最終ゴールを決めて、そこから逆にたどっていくというやり方です。自分たちの調べたことや考えたことを発表するために、話し合い、構成を考え、iPad の Key Note を使ってプレゼン資料を作成していきました。発表は10人グループで、５年生のグループ１つが４年生のグループ１つに対してプレゼンをします。内容は以下の３点です。

・チョコレートの秘密
・チョコレートと児童労働
・カカオからチョコレートを作る

児童労働を扱おうとしたグループは、「難しいと思う。でも、難しいからこそやろうよ」「子どものオレらがちゃんと調べて、ちゃんと発表することに意義があるのとちがうか」なんていう議論を延々としていました。なんだか胸キュンしちゃいました。

以上で第１回目の実践報告は終わりです。

チョコプロをしていて思うのは、「子どもってすごい！」ということです。想定していた学びをやすやすと越えていきます。チョコプロを実践していると、みんな心の底から楽しいと思っている場面が多いのです。特に、五感を使ってカカオを感じ、それが何なのかを当て、疑問をどんどん出していく場面と、カカオからチョコレートを作る場面にそれを感じるのです。カカオを煎るときの酸っぱいような匂い、それがあの独特の甘いチョコレートの香りに変化するときの驚き。最初は固い豆を一生懸命 grind していくと粉になり、粉がねっとりと変化し、しばらく置いておくと固まってあのチョコレートになる。その達成感！体験は強い。自分で実際に体験して感じたこと、考えたことは自分のものになります。そのような達成感を感じることができるチョコプロを外国語授業でやりたいのです。児童労働については、『おいしいチョコレートの真実』（世界の子どもを児童労働から守る NGO ACE の DVD 教材）で学びました。

私はまだ迷っています。教科書、指導要領の内容に沿って考えようとしていますが、実に難しい。もちろん、指導要領に書いてある以上のことをやる分には何も問題はないことは知っています。教科書に載っていないことを発展的な学習として授業をしてもいいこともわかっています。しかし、可能であれば教科書の内容と関連を持たせたいのです。

私と引き継いで外国語担当となった人、あるいは担任の先生、チョコプロを誰でもできる授業にしておきたい。そのためには、ある程度教科書に沿った内容にしておきたいのです。迷っています。でもやりたいんです。なぜかって？

明らかに子どもの世界が広がるから
明らかに子どもの視点が変わるから
身のまわりのことから社会を考える
身のまわりのことから世界を考える
そんな子どもの姿を見たいからです

第6部

ICTの活用
—語彙学習のギアを上げる機械翻訳—

スマホのアプリなどを通して機械翻訳は既に身近な「あって当たり前」のものになっています。もはや「使わせない」という発想自体に無理があり、「いかに使わせるか」ということを前提に考えるべきでしょう。また、機械翻訳を使ったとしても、授業で一瞬で終わってしまう課題しかなければ、児童は「機械翻訳は楽をするためのツール」として認識するだけでしょう。

ICTを使うことで、児童は自ら学んで「主体的・自律的な学習者」に成長していくことが研究会で報告されています。機械翻訳を使いながらの学習によって、児童の外国語学習の意欲・関心は下がるどころか、むしろ高まっている様子が読み取れるはずです。機械翻訳機が、単なる「楽をするためのツール」になるか、「自分たちの可能性を広げるツール」になるかは、教師の授業のねらいや働きかけ方次第なのです。

英語教師が機械翻訳に頼ってしまうのは情けないという人もいますが、「ICTを使いこなして授業作りをしている」とポジティブに考えるべきです。算数の問題と解答を短時間で正確に作成するために、電卓や表計算ソフトを使ったり、社会の学習のために時事ニュースをインターネットで入手したりするのと同じです。機械翻訳を適切に使いこなすことで、外国語表現を自信を持って使えるようになるはずです。（成田潤也）

実践

機械翻訳を使って自己紹介

補足解説はこちら

北野 ゆき

「海外の学校と交流します、そのための第一歩として自己紹介をしてもらいます」の言葉から授業をスタートします。「海外の人たちへの自己紹介動画の台本作り」が書く活動となります。毎時間書きためていくと、それが台本になるという筋書きです。名前と誕生日までは一斉指導でも書けます。そこから先の、多種多様な自分たちの好きなことを英語で書くとなると大変です。知らない単語をどうするのか、英文を書く指導にはどの学校でも困っておられるでしょう。私の勤務校では小学生向けの和英辞典を40冊揃えていたので、授業では辞書で単語を調べていました。ただ、小学生向けの辞書なので載っていない単語があった場合、教師が教えるという形をとっていましたが、それはそれで大変でした。ところが、何度か機械翻訳の体験をしていたとはいえ、タブレットが学校に導入されたことで授業は一変しました。授業で必要な言葉を自由に調べることが可能になったからです。

勤務校では、機械翻訳ツールとして文字入力・カメラ入力でのGoogle翻訳や、DeepL翻訳などを使用しました。翻訳した後にもう一度日本語に翻訳し直し、意味が通じるかどうか確認する逆翻訳という体験も積んできています。おかしな日本語になった場合は、入力する表現を変えて再度チャレンジすればいいということも体験から知っています。「好きなもの」のようなジャンルであれば、教師の手を借りずとも調べることが可能になりました。現在では紙の辞書を使うことはなくなりました。

1　機械翻訳で発音指導

言葉を調べて書くという活動に加えて、発音も翻訳機で確認できるようになりました。授業中に納得するまで何度でも繰り返し聞くことができます。そのため、「先生、これどう読むの？」と教師が質問攻めにあうことが無くなりました。難点は教室に音が氾濫するので、音に対して敏感だったり、音があふれた状態になると情報が取りにくくなる児童には厳しい環境になるということです。この問題については、イヤホンを使うことをお勧めします。

2．ICTを活用して視覚資料作り

自己紹介の文を暗唱できるようになったら、自分で動画を撮影して先生に送信します。その動画を授業後にチェックし、明らかに間違った文を書いている（文章として成立していないようなレベル）児童に対してのみ、指導することにしました。タブレットは翻訳や発音だけでなく、視覚資料作りでも使用します。初対面の人、それも海外の人に紹介をするなら視覚的な助けがあるとわかりやすいので、プレゼンテーションソフトのkeynote（パワーポイントでもできます）を使ってスライドを作りました。幼少時代の写真を入れて編集する児童もいて、それぞれの個性を生かした楽しいものが出来上がりました。

このような活動では、数年前まで画用紙を使って発表資料作りをしてきました。それはそれでもちろん楽しいのですが、ICTが発達してくると絵や字の上手下手に左右されずに、見やすくテンポの良いものが出来上がります。作る側も見る側も楽しめます。失敗しても何度でもやり直しが可能で、発表直前まで手直しができます。効果音やBGM、動画を入れ込む児童までいて、お互いの発表を見て感嘆の声が上がっていました。

スライドに合わせて英語で作った紹介文を、クラス全員の前で発表する姿をクラスの仲間が撮影し、動画にしました。「動画の出来が良かったら交流相手に送る」と伝えると、がぜんヤル気をだします。拍手や笑い声、合いの手も入れて臨場感も出し、ライブ感を出そうと盛り上がりました。海外に送る動画なので、失敗したらやり直し、何度も作り直していました。緊張感のある中で、お互いに認め合いながら良いものを作ろうという雰囲気の中で撮影が完了しました。

3　ICT 機器を使うことで英語学習の新しい扉が開く

外国語の授業で自己紹介の活動にタブレットを使うようになり、ICTの可能性についてつくづく感じていることがあります。今まで感じていた指導での制限がタブレットを使うことで取り払われ、多くの可能性が見えてきたのです。

今まで悔しい思いをしていたのは、小学校の高学年の思考力と彼らの英語力のミスマッチでした。英語で表現したいのに表現できない現実をたくさん目にしてきました。英語で表現できるようにするには、語彙や表現を教師が1人ひとり指導して回るしかありませんでした。しかし、機械翻訳を使えば人に頼ることなく表現することが可能になります。今まで何度も突き当たってきたことですが、発表が上手くできたとしても、聞く側が英語が苦手だった場合、そこで活動はストップしてしまいます。視覚資料を作って提示すればその壁は取り払われ、一目瞭然で理解が進むのです。他校との交流も、ICT を使えば費用の面でもかなり負担が少なくなります。日本でもリモート授業の意識がかなり進み、オンラインでの交流もしやすくなってきたのではないかと思います。もちろん、情報リテラシー教育をしっかりしていくことは必要です。その観点からも、タブレットなどのICT 機器を使うことは、外国語学習の新しい扉を開けてくれると思っています。

4　機械翻訳機を使いこなす指導の秘訣

機械翻訳を使った最初の授業でうまく使いこなす秘訣を指導したところ、子どもたちが次のように振り返りカードに機械翻訳の注意点を書いてくれました。すごく嬉しかったので紹介します。

・思った通りの文にならなかったら、少していねい語に直してみる
・逆ほんやくを必ずする
・やさしく簡単な言葉を使う
・文章が長いのは２つにわける
・主語がない場合は加え、述語がはっきりとわかるようにする
・複数の意味を持つ単語は置き換える
・日本語特有の単語は、英単語に変換しやすそうなワードに置き換える
・方言を入れない
・文末の「です」「ます」は加える

機械翻訳で語彙指導

第６部で提案するのは機械翻訳の活用です。機械翻訳を小学校の授業で使う大きなメリットは、児童の語彙不足からもたらせる苦労から教師が解放されることです。ただし、機械翻訳は自分の言いたいことを入力してすぐ答えが出るモノではありません。そのためには教員の適切な指導が必要です。まずは北野先生の実践を読んでいただき、授業のイメージをつかんでから【機械翻訳のトリセツ】に進んでください。全てを実施されるも良し、取捨選択するも良し、機械翻訳を使った指導に取り組んでみようと思

ってくださることを望みます。

【機械翻訳のトリセツ】

❶機械翻訳の使い方：Google 翻訳の場合

機械翻訳の具体的な使い方に取り掛かる前に、普段使っているカタカナ語（外来語）について考えることから始めましょう。まず、5、6人のグループに分け、英語由来と思うカタカナ語をグループで相談して黒板に書かせます。全グループが書き終わったら、クラス全員で統一した見解を出させます。教師が正解を教えるのではなく、カタカナ語かどうかクラス全員で判断させてみましょう。

それが終わったら、実際に機械翻訳を使ってみましょう。準備として、Google 翻訳、DeepL などの機械翻訳ソフト（アプリ）を予めダウンロードしておきます。あるいは、インターネットブラウザ（Google Chrome、Microsoft Edge、 Internet Explorer など）で機械翻訳のウェブサイトにアクセスして使用できる状態にしておくことが必要です。

それでは、機械翻訳の一例として Google Chrome を使う Google 翻訳の使い方を説明します（2022年２月時点）。

1. Google 翻訳のサイトにアクセスします（ブラウザは Microsoft Edge でも構いません）。左右のボックスの言語を設定します。左側は「日本語」、右側は「英語」をクリックします。
2. グループで決めたカタカナ語をローマ字にして（大文字でも小文字でも構わない）、そのローマ字を左側のボックスに打ち込むと、右側に英語の単語が表示されます。
3. 表示された英語のスペリングをノートにに書き写した後、スピーカーのマークをクリックして発音を確認します。スピーカーから出る音声に従って練習します。最初は難しいと思いますが、少しずつ英語の音に慣れていけば問題ありません。このように、機械翻訳で英語を調べたら必ず発音するような習慣をつけるように繰り返し指導しましょう。

4．ほかの語についてもひと通り機械翻訳で調べ終わったら、外来語とカタカナ語の感想を数人に発表させます。

上記の使い方「3」の発音練習や外国語の教科書についているQRコードを読み込んで聞く時も、ほかの児童が発音している声を遮断できるためイヤホンを使います。英語の発音を注意深く聞くのにも適しており、全員が一斉に録音、録画をする場合も音声を吹き込む本人の声がクリアに聞こえますし、外国語以外の教科でも使えます。国語のデジタル教科書の読み上げ機能を授業中に使う時も、自分だけの設定にできるため習熟度に合った好きな速さで聞くことができます。

❷小学校で機械翻訳を使って学べること（レベルA）

機械翻訳を使って自己紹介を行う指導では、まず書きたいことを日本語で書いてから、その日本文を機械翻訳に入れて英語に訳します。日本文をそのまま機械翻訳に入れるのですが、ある児童は「私は休み時間に友だちとおしゃべりするのが好きです」という全文を一度に入れるのではなく、日本語を1つずつ入れて英訳しました。すると、次のような英文ができました。

"I teeth break time NS friend when talking is like."

これをそのまま解読すると、「私」「は（歯）」「休み」「時間」「(エラー)」「友だち」「とき」「おしゃべりする」「のが」「好きです」となります。おかしな英文になってしまいました。なぜこのようなことが起きたのでしょうか？　それは、英語も日本語と同じように言語の意味が一対一対応していると思って変換したからです。ここから学べることは、英語は日本語とは文構造（語順）が違うこと、言葉の意味は一対一対応になるわけではない、という日本語と英語の言語の違いです。

「日本語は単語でなく文で入力してみたら？」とアドバイスすると、次はこのような英文になりました。

“I like chatting with my friends during breaks.”

元の日本文の英訳ができたでしょうか。思っていたよりも長い文になったので、「おしゃべりが好き」と短くしてみようと考えたのが次の文です。

「私はおしゃべりをするのが好きです」 → “I like chatting.”

シンプルでやさしい英文になりましたね。「休み時間に友だちと」の部分が抜けてしまいましたが、初めから長い文章にチャレンジせず、段階を追って、少しずつ英文になれていくことを優先しましょう。

恐らく chatting という単語を児童は知らないと思います。知らない単語は発音できないので、Google 翻訳を使って何度も読み上げてもらいましょう。何度も何度も聞いて、友だちに教えられるくらいに練習します。このように「先生に教えてもらう」だけではない状態をつくると、自発的に「考えて判断する」ようになっていきます。「自分の言いたいことを、聞いている相手に伝えるためにはどうすればいいか」を考えさせることが大切なのです。

❸翻訳機の使い方に慣れる

5、6人のグループ分けをして、単語を翻訳する練習をすることにします。ノートか A4の紙に apple、bear、cat、dog、elephant、fan を書くように指示します。書き終わったら Google　翻訳を立ち上げ、今度は左側を英語、右側を日本語に設定してから左側のボックスに apple と入れると右に翻訳されて「りんご」が出てきます。　それを紙に書いた apple の右隣に書きます。次に、左のボックスの下の方にスピーカーマークが出てくるので、それをクリックすると apple の発音を教えてくれます。何回かクリックして発音練習をします。

全員が最初の apple の発音練習段階までできるようになったところで、次の単語 bear に進みましょう。この作業ができない児童がクラスに複数いる場合は、機械の操作ができる児童ができない児童を教えるようします。

先生が１人ひとり教えるより効率的です。全員ができるようになることを目標としましょう。

【機械翻訳の活用方法】

❹機械翻訳でチャンツの発音練習（レベルA）

❸と同じ要領で、単語の翻訳と発音の練習をもう少し続けてみましょう。

goat、hat、ink、jam、king、lion、milk、net、orange、pen、queen、racket、sun、moon、ten、up、vest、watch、box、yo-yo、zebra

単語の発音練習が全て終わったことを確認したら、今度はチャンツ風にして練習をします。「文字と音の一致を理解するチャンツ」にトライしてみましょう。

ノートに書いた上記の単語の中から３つの単語を１セットとして、チャンツの要領で各セット３回続けて発音します。

apple-bear-cat/dog-elephant-fan/goat-hat-ink/
jam-king-lion/milk-net-orange/pen-queen-racket/
sun-moon-ten/up-vest-watch/box-yo-yo-zebra

❺「読み上げ機能」を使う練習（レベルA）

大好きな洋楽を何度も歌っていると、いつの間にか歌詞を全て覚えてしまった経験は誰にでもあるでしょう。それと同じように、映画やTVの好きなシーンをそっくり真似して、感情を込めて言う練習はどうでしょうか。ドラマの流れと演じている役に感情移入することで、記憶に残りやすくなります。楽しければ一生懸命練習します。このように、授業にドラマや英語劇を取り入れることで、効果的な語彙指導になります。

試しに、第１部のChapter 3で扱った“Gingerbread Man”でやってみましょう。物語のあらすじはChapter3の冒頭の囲みに書いてあります。練習する部分は以下の８つの台詞です。後半の台詞は、逃げた

gingerbread manが、追いかけてくる人に向かって憎まれ口をたたいています。

ナレーターA：Once upon a time, an old woman made a gingerbread man.

ナレーターB：She baked it in the oven.

ナレーターC：She opened the oven door.

ナレーターD：The gingerbread man jumped out.

Old woman：Stop, gingerbread man. Stop.

Gingerbread man1：Run, run, run as fast as you can.

Gingerbread man2：You can't catch me.

Gingerbread man3：I'm the Gingerbread man.

８人のグループを作り、１人１文を担当します。Google翻訳の読み上げ機能を使って英文を英語らしく読む練習をします。"Repeat after me."という指示の後に、一度ずつ読むだけでは十分な音声練習ができません。読み上げ機能を利用すれば、何回も音声練習を繰り返すことが可能です。

まず初めに自分が読む台詞をタブレットやPCに打ち込み、スピーカーマークをクリックして流れてくる英文を真似て読むように指示します。発音のヒントとして、聞こえた通りに振り仮名を振ってもいいことにします。ある程度英語らしく読めるようになってきたら、グループ毎に同じシーンを演じ合います。ここまで使えるようになると、学校で配布されているタブレットが自分専用の学習機となります。

❻教科書に載録されている物語の続きを作る（レベルB）

❺では「読み上げ機能」を使って英語らしく読む練習をしました。そこではオーブンから逃げ出したgingerbread manが、追いかけてくる人に

憎まれ口をたたくところで終わっています。その逃げた後はどうなるのか、物語の続きを考えてみましょう。

1．グループ毎に物語の続きを日本語で考えます。登場人物は、ナレーター、ジンジャーブレッドマン、おばあさん、おじいさんです。展開は子どもたちの発想に任せて、自由に考えていいことにします。
2．日本語で書いた文章を機械翻訳に入れ、英訳してみます。その後、逆翻訳をして、初めに考えた日本語の意味と同じかどうかを確かめます。
3．英語の文章ができたら、グループ毎に発表しましょう。発表の仕方は自由です。ナレーター役が1人で話してもいいし、メンバーの何人かで役を分担し、劇として演じてもいいでしょう。

【機械翻訳の実践例】

❼画像翻訳の使い方（レベルB）

２年生になると、生活科の授業で「町探検」をします。自分たちが住んでいる地域について調べたり、そこで生活したり働いたりしている人々について考える授業です。外国語の教科書にも「自分の町を紹介する」UNIT が設けられています。住んでいる町であっても、いつも歩いている通りにある外国語の看板や道路標識などは、見ているようでいてほとんど記憶にないものです。そこで、自分たちが住んでいる地域に外国語の看板があるかどうか、実際に自分たちの目で確かめてみましょう。そのことに意識が向くと、外国語も何か意味のある言葉として意識され始め、自然と意識がそこに向き、確かめるようになります。さらに、「なぜこの町で外国語が使われているのか？」ということにまで思考が及び、地域と外国語のつながりを理解する学びにもなります。もし、住んでいる町にそのようなものが見当たらない場合は、市役所や県庁所在地などで探したり、校外学習や社会見学の合間に活動を入れたりすることで授業は可能となります。

学校の外に出かける活動になるため、学校の許可が出ない場合は教師が予め写真を撮っておいて、それを利用します。活動記録を残すために、タブレット等のICT機器のカメラ機能を活用する方法もあります。ICT機器の学校外への持ち出しが難しい場合は、カメラで代用します。

活動形態：グループ（3、4名くらい、クラス人数によって調整）
準備機材：児童用タブレット（写真撮影用）、もしくはカメラ
活動手順：

1．町の中にある外国語の掲示や看板などの写真をタブレットで撮影する。グループごとに2,3枚あれば十分な活動ができる。
2．持ち帰った写真を元に、写っている外国語（単語や文章）を機械翻訳で解読する。文字通りにアルファベットを入力するか、翻訳アプリなどを用いて写真の文字を読み込み翻訳する。外国語は英語のようなアルファベットではない言語（中国語、韓国語など）があるため、写真をそのまま読み込む作業が必要になる場合がある。発表のため発音を確かめて練習する必要も出てくるので、機械翻訳の音声を聞く機能を活用する。
3．グループ毎に、町で発見した外国語を写真を見せながら発表する。
4．全てのグループの発表が終わったら、各グループで他のグループの発表も含めて気づいたことなどを話し合う。
5．グループ毎に話し合った内容を発表する。
6．終了後、この活動を振り返りカードなどに記入する。

➡ 次の翻訳方法はGoogle翻訳アプリを使用する例です。
「画像を翻訳する」
（1）タブレットのGoogle翻訳アプリを起動します。
（2）翻訳する対象の言語を選択します。翻訳する元の外国語について、左上の［言語を検出する］を選択して自動で言語を検出するか、手動で翻

訳したい言語を選択する。

（3）右上で、翻訳したい言語を選択します。

・テキスト全体をリアルタイムで翻訳するには、リアルタイムをタップする。

・ドキュメントの一部だけを翻訳するにはスキャンをタップし、スキャンアイコンの上の丸いアイコンをタップして、指を使って翻訳する単語や文章をハイライト表示するか、［すべて選択］をタップする。

・翻訳する既存の写真を選択するには、右下にあるインポートアイコンをタップする。

（4）指を使って翻訳する単語や文章をハイライト表示するか、［すべて選択］をタップする。「翻訳を音声で聞く」…「音声を聞く」アイコンをタップします。

参考：Google 翻訳ヘルプ「画像を翻訳する」より

❽写真や文章から感じたことを発表する（レベルA）

第３部 Chapter6の発展編です。たとえば、世界の料理の写真と主な材料を書いた紙を配り、この中から何が食べたいかを発表させてみましょう。料理の写真はネットで入手できます。

・ペルーのロモ・サルタード（Lomo Saltado）：牛肉 beef、フライドポテト French fries、玉ねぎ onion、トマト tomato の炒め物 stir fry

・ベトナムの米麺（pho）：チキン chicken が入った魚醤（fish sauce）をベースにした麺 noodle soup

・タイのパッタイ（Pad Thai）：エビ shrimp、卵 egg、豆腐 tofu、ニンニク garlic、赤唐辛子 red pepper を使った焼きそば fried noodle

・スウェーデンのピッティパンナ（Pyttipanna）：豚肉 pork とジャガイモ potato を炒め stir fly、その上に目玉焼き sunny-side up を乗せパセリ parsley を添える

・インドのキーマカレー(Keema curry)：ナン（nan / naan)、ひき肉 minced meat、玉ねぎ onion、にんじん carrot、カレー粉 curry powder

以上５カ国の料理の中から１つ選んで、「私は○○（国名）の△△を食べたいです」（可能であれば because を使って理由も）と日本語で入力し、英語に変換します。次に、忘れずにその英文をコピーして日本語に逆翻訳するように指示します。出力された日本語が正しい日本語になっているかを確認させます。

❾相手に通じる英文なのかの確認と問題点の対処方法（レベルA）

R－１やM－１の英文を作るなら機械翻訳の出番です。ここで大事なことは、相手に通じる英文かどうかを確かめることです。安易に日本語をそのまま入力して訳した英文では、相手に通じるかどうかはわかりません。まして、“オチ”の必要なR－１やM－１では、オチが通じないとやり取りが成立しません。

まずは通じる英文を作成するところから始めます。日本語を機械翻訳に音声入力してみましょう。音声がコンピュータに認識されない場合は、日本語が翻訳機に正しく認識されていないと判断し、機械翻訳機がわかるような日本語で考え直します。機械翻訳機がわかるような日本語とは、「やさしい日本語」です。

こうしてできた英文はそのまま鵜呑みにせず、今度はその英文を機械翻訳に入力してみましょう。翻訳された日本語は意図したものと同じでしょうか。相手に通じる英文の確認方法がわかったら、R－１、M－１の準備が整いました。ここではM－１の実践例を紹介します。

M－１は２人の掛け合いが大事です。まず、一方が Where did you go yesterday ？と尋ねます（少し難しいのでこの質問文を黒板に書いておいてもいい)。これ以外の文を使いたければ、言いたいことを機械翻訳で音声入力して、発音練習をした上で使うように指示します。

［対話例］

A：Where did you go yesterday（last weekend）？

B：I went to Nara（Kamakura）.

A：What did you eat（see）？

B：I ate fish. It was delicious./ I saw *Daibutsu*. It was big.

図1　Tobidashi boya

上の対話例はM-1を作るフォーマットとなります。これをいかに面白くするかが勝負となります。

What did you go yesterday？やWhat did you eat？の返事で使用している過去形のwentやateは、どの教科書でも扱っています。もし、ateが未習であれば先取りして導入してもいいでしょう。

黒板にWhat did you eat yesterday？と書き、その文のWhatとeatに下線を引いてWhoとmeetを書きます。その下に「だれ」「会う」と書きます。食べたものだったらice creamやa hamburgerなど知っているだけの単語を言わせたり、機械翻訳で探させて黒板に書いていきます。同様にして、会った人や職業を表す単語を使って順に発表していきます。

次のやり取りでは、図1の写真（Tobidashi boya）を皆に提示しながら、AとBの役の児童に２つの質問をしてもらうと、理解がしやすくなるでしょう。

A君：Who did you meet yesterday？

北野：I met Tobidashi boya.

A君：What did you eat yesterday？

北野：I ate fish. It was delicious.

B君：Who did you meet yesterday？

北野：I met a fish.

B君：What did you eat yesterday？

北野：I ate Tobidashi boya. It was delicious.

I ate（Tobidashi boya：目的語）. It was delicious. というナンセンスさに思わず大爆笑です。笑いを取ろうと、目的語を変え、幾つも面白い文を作ります。楽しい作業を何度も繰り返すうちに、英語の構文が記憶に残ります。

【ここまで出来る機械翻訳】

内容的にレベルは相当高くレベルCとしました。取捨選択してください。

⑩英語以外の言語に翻訳してみる（レベルC）

小学校学習指導要領では外国語となっているのですが、実質的には英語の授業です。そうすると、言語に対する関心が英語に偏ることは否めません。英語一辺倒の考え方はグローバル社会を生きていくためには好ましいことと言えないですよね。現実問題として、公立学校には日本語指導が必要な外国籍の児童が４万人以上在籍しています（2018年）。ポルトガル語、中国語、フィリピノ語、スペイン語を話す児童の割合はその80%にもなります。英語を母語とする割合はわずか３%くらいです。機会を見て英語以外の言語にも目を向けさせましょう。

多言語での「虹」の言い方を機械翻訳を使って調べます。世界にはいろいろな文字があるので、ローマ字と漢字を使う国の言葉に限定して６カ国語に絞ります。機械翻訳で虹の言い方を比べることで言語の相違に気づきが生まれます。

1．黒板に「英語、ドイツ語、フランス語、イタリア語、スペイン語、ポルトガル語で虹は何というのでしょう」と書いておきます。なるべくならヨーロッパの地図で位置を確認しておきます。
2．Google翻訳を使います。左側を日本語に、右側は順に英語、ドイツ語、フランス語、イタリア語、スペイン語、ポルトガル語と変えていきます。虹は英語ではrainbow/ ドイツ語regenbogen/ フランス語arc-en-ciel/ ポルトガル語arco-iris/ スペイン語arcoiris/ イタリア語arcobalenoです。
3．左側を英語、右側を日本語にします。当然、逆に表記されます。左側に表記された英語を分解してrain「雨」bow「弓」と出てくるように操作します。

英語ではrainbow「雨の弓」ですね。同じようにドイツ語でregenbogen、regen「雨」、bogen「アーチ」で「雨のアーチ」。フランス語ではarc-en-ciel、arc「弓」、en-ciel「空に」で「空にある弓」。イタリア語ではarcobaleno、arco「アーチ」、baleno「ライトニング、稲妻」です。わかりやすい言葉で言うと「光のアーチ」がいいでしょう。ポルトガル語ではarco-iris、arco「弓」、íris「虹彩」です。虹彩とは目の瞳孔の周りにある膜のことで、瞳の色は虹彩の色素によって変わるので「色が変わる弓」でしょうか。スペイン語はハイフンがないだけでポルトガル語と同じです。両国の言語の関係の近さがよくわかりますね。中国語では「虹彩」の漢字の組み合わせが逆で「彩虹」と言います。ギリシャ神話で虹の女神はイリス（虹彩）です。多くの国で「虹」を表すのに同じような言葉が使われていることがわかります。

⓫第５部の英文レシピを和訳する（レベルC）

第５部【実践❷チョコレート・プロジェクト　その１】（p.152）に記載しているチョコレートを作るレシピです。Step1からStep6までを６

グループで分担し、機械翻訳を使って日本語のレシピを作ってみましょう。Step4は他のstepより長いので、一部を日本語にしました。その日本語の文体を参考にしながら翻訳してみましょう。（文中のfrying pan, *suribachi surikogi* のイラストはp.183にあります）

図2　カカオの木

How to make Chocolate from Cacao beans

Step 1　Wash the beans

It's important to ensure the beans are clean, so wash them in water until the water becomes clean. Wipe water off the beans with a paper towel.

図3　カカオの豆

Step 2　Roast the beans

Roast in a frying pan on low heat for about 5-10 minutes. During the process, the beans give off a popping sound like popcorn, which releases the beans' aroma. When the skins look crispy, as in the photo, turn off the heat.

Step 3　Hull the beans

Once your roasted cocoa beans look like this picture, it's easy to hull them by breaking off the outer skins with your hands.

Step 4 Grind the beans

The easiest way to do this is with a *suribachi*（すりばち）and a *surikogi*（すりこぎ）. Once the beans have been ground to a paste, cocoa butter is made！
ココアバターは、チョコレートのなめらかな口溶けを実現してくれます。ペーストが溶けたチョコレートのようになるまで、すりこぎで挽き続けます。

Step 5 Warm the mixture

Place the bottom half of the mortar in warm water and continue grinding and stirring with the pestle. Bring the water to a boil.

Step 6 Add sugar

Continue stirring. The mixture will slowly become smoother and smoother. 1-2 hours after the beans were first ground, your mixture should look like this.

参考文献

今泉忠明（監修）・高岡昌江．2007．『にたものずかん　どっちがどっち！』．学研プラス．

柏木賀津子・伊藤由紀子．2020．『小・中学校で取り組むはじめての CLIL 授業づくり』．大修館書店．

清田洋一．2017．『英語学習ポートフォリオの理論と実践』．くろしお出版．

酒井志延ほか．2018．『先生のための小学校英語の知恵袋』．くろしお出版．

酒井志延ほか．2019．『映画で学ぶ英語の世界』．くろしお出版．

笹島茂・山野有紀．2019．『小学校外国語教育の CLIL 実践』．三修社．

鈴木路子（監修）．2004．『季節の花図鑑』．日本文芸社．

鈴木孝夫．1990．『日本語と外国語』．岩波書店．

副島顕子．2011．『植物名の英語辞典』．小学館．

谷本雄治．2005．『土をつくる生きものたち：雑木林の絵本』．岩崎書店．

パトリシア・ローバー．2009．『たべることはつながること　しょくもつれんさのはなし』．福音館書店．

日本生態学会編．2012．『生態学入門第２版』．東京化学同人．

林望．1998．『リンボウ先生ディープイングランドを行く』．文藝春秋．

フレディ美香子．2019．『ぼくはイエローでホワイトで、ちょっとブルー』．新潮社

堀内克昭．2002．『カラーワイド英語百科』．大修館書店．

まつざわせいじ．2006．『うみのほん：たべものリレー』．文化出版局．

丸山宗利．2014．『昆虫はすごい』．光文社．

丸山宗利ほか．2015．『昆虫はもっとすごい』．光文社．

目黒伸一．2011．『食物連鎖の大研究　いのちはつながっている』．PHP 研究所．

梁井貴史．2021．『どっちがどっち　まぎらわしい生きものたち』．さくら舎．

『ヴィスタ英和辞典』．1997．三省堂書店．

『新漢語林第二版』．2011．大修館書店．

『ベーシック英和辞典第２版』．2017．大修館書店．

『明鏡国語辞典第二版』．2021．大修館書店．

『リーダーズ英和辞典第２版』．1999．研究社．

おわりに

全ての教師は児童が自立した学習者になることを願っています。そのことを目標に置いている学校すらあります。自立した学習者とは、ただ単に先生の指示に従って学習する児童ではなく、自分で何をなすべきかを考えて行動できる児童のことです。「自律」は自らを律して学習などを行うことで、「自立」はその自らの力で学習できている状態を言います。

では、自立した学習者になることがなぜ必要なのでしょうか。外国語活動や外国語科が小学校に導入されてから、英語に背を向ける児童が増えている、中学校でも英語嫌いの児童がより増えているという報告があります。なぜなのでしょう。学習に興味を持てなかったり、学習方法を見出せていない児童が増えているからだと思います。教師としてそのような児童が増えるのは悲しいですね。児童を英語嫌いにしないために、自立した学習者にする必要があるのではないかと考えるようになりました。

私は教師になる前に学習塾の講師として、小学6年生に英語を教えていました。「中学校に入る前に英語に慣れる」ことを目標において、中学1年生の教科書をゆっくり教えました。私の力不足のためか、受講生から英語への関心がなくなっていくのを感じていました。その後、高校の教員から大学で教えるようになって小学校英語とは縁遠くなりました。

1990年代になり、小学生の娘が英会話教室に通い出しました。そこでは英語学習にドラマを使っていました。楽しそうに、親から何も言われなくても小学生にしてはかなり長い英語のせりふを、動きに合わせて自分で一生懸命覚えていました。これが自立した学習者なんだとつくづく思いました。

それでは小学校英語科ではどのように教育をすればいいのでしょうか。昔から言われ続けていることですが、小学校外国語（英語）活動の指導の基本として次のことが重要だと思っています。

1. 中学校や高校での外国語教育を前倒しにするものではない
2. 小学校段階にふさわしい学習活動を行うため、児童が積極的に参加する体験を主体にした学習活動を中心に行なうこと

上記の考えをもとに、小学校の外国語活動を精力的、かつ創造的に実施してこられた先生方と共に研究を進めてきました。その成果を表した書籍は本書で3冊目です。2018年の『先生のための小学校英語の知恵袋』（くろしお出版）が最初の本で、先生方の指導上の悩みを取り上げました。次に『ワクワクする小学校英語授業の作り方』（大修館書店）では児童が興味を持つ指導法を取り上げ、そして、本書で「自立する学習者を育てる」というテーマにたどり着くことができました。

3冊とも同じ編集者です。付き合いの始まりは埼玉県立伊奈学園総合校に勤務していた頃に遡ります。著者と編集者との関係は、今では聞くことが稀なLL教材から始まりました。その後、英語学習の「海図」ともいうべき『英語百科』に繋がっていきました。その長い付き合いの中で、会うたびに英語教育をどうすべきかについて話し合いました。その話し合いで色々な教唆を頂きました。長友氏との関係の締めくくりが、今一番考えなければならない小学校英語教育の本であったということは私にとって実に感慨深いことであり、ここに感謝の意を示します。大修館書店編集部佐藤純子さんを始めとして、お世話になった方々にも御礼申し上げます。

全ての児童が英語を楽しく学び、人間としての成長につながればそれに勝るものはありません。

2022年9月　　　　　　　　　　　　　　　　　　　　著者代表　酒井志延

語彙索引

小学校英語科の教科書を教えるに際して、必要と思われる単語をトピック別に検索できるよう配列しています。単語の選定にあたっては、監修者土屋が「英語授業研究紀要」（第30号．2021．pp.85-97）に発表した７社の教科書の語彙分析結果を元としています。それに加えて、単語の使い方に疑問を持った児童から質問が寄せられた単語を現場の先生方から収集し、コラム的に掲載してあります。その他、注意すべき単語も付記しています。

付録として、理科や社会科などで取り組むようになったSDGsを外国語科でも扱うようになったため、それに関する単語と食物連鎖の単語も多数掲載しています。

教科書で扱うトピック

第２部

Chapter 1 ▶ 学校

❶学校の施設　p.36

□ 校門 □ 運動場 □ 校舎 □ 昇降口
□ 下駄箱 □ 靴 □ 上履き □ 廊下
□ ホームルームの教室 □ 事務室
□ 職員室 □ 講堂 □ 体育館
□ プール □ 男子トイレ □ 図書室
□ 女子トイレ □ 保健室 □ 食堂

［通例複数形で使う単語］　p.36

□ メガネ □ ハサミ □ 長靴 □ 靴下
□ ズボン □ ジーンズ

❷教室内の設備　p.38

□ 教壇 □ 教卓 □ 黒板《米》《英》
□ 机 □ 椅子 □ 窓 □ カーテン
□ 掛け時計 □ プロジェクター

［備品・文房具］　pp.38－39

□ 下敷き □ シャープペンシル
□ クレヨン □ 鉛筆削り □ 接着剤
□ ボールペン □ メモ □ 黒板消し
□ 画びょう《米》《英》
□ プッシュピン
□ 通学カバン（ランドセル）

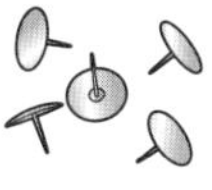
画びょう

プッシュピン

通学カバン

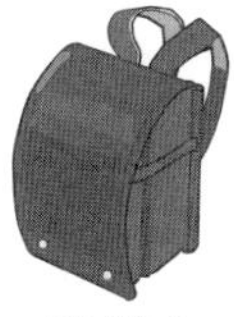
ランドセル

＊語彙索引･付録において、単語の前に■がついているものは、二次元（QR）コードから画像が見られます。

❸週・時間割　pp.41－42

□ カレンダー □ 週（ □ 月 □ 火
□ 水 □ 木 □ 金 □ 土 □ 日）
□ 序数（ □ 1 □ 2 □ 3 □ 4
□ 5 □ 6 □ 7） □ 時間割《米》《英》
□ （授業の）時間 □ 科目 □ 国語
□ 算数 □ 理科 □ 社会 □ 図工
□ 書写 □ 道徳 □ 音楽 □ 体育
□ 家庭 □ 休み時間 □ 給食の時間
□ 掃除の時間

[頻度の目安]　p.42

□ 常に □ たいてい
□ よく、しばしば □ 時々
□ 決して…ない

❹先生の呼称　pp.43－44

□ 校長《米》《英》 □ 教頭（副校長）
□ 担任 □ 学年主任 □ 新任の先生
□ 事務職員 □ 保健室の先生

[性格]　p.44

□ 親切な □ 優しい □ 礼儀正しい
□ 誠実な □ 陽気な □ 元気な

[スポーツをする]　p.44

□ play □ do □ ski, skate, swim

❺住所・通り　pp.46－47

□ 通り（road / street / avenue）
□ 郵便番号《米》《英・加》

[1日の時間]　p.47

□ 午前 □ 昼間 □ 午後 □ 夕方
□ 夜

[交通信号・標識]　p.47

□ 青信号 □ 黄信号《米》《英》
□ 赤信号 □ 横断歩道《米》《英》

❻学校行事〈4月～8月〉・季節の説明に使える花　pp.48－50

□ 月（ □ 4月～8月）

[学校行事]　p.48

□ 入学式 □ 遠足 □ 学年
□ 運動会《米》《英》 □ 林間学校
□ ハイキング □ キャンプファイヤー
□ 学校のまとまった休み □ プール
□ 水泳

[学校のクラブ]　p.49

□ team と club □ 吹奏楽部と合唱部
□ ラグビーのノーサイド

[春～夏に咲く花]　pp.49－50

■ ラッパスイセン ■ クロッカス
□ タンポポ ■ アネモネ
□ メイフラワー ■ フジ □ 忘れな草
□ バラ ■ クローバー □ スズラン
□ ヒナゲシ ■ マリーゴールド
□ カスミソウ ■ アヤメ ■ スイレン
■ ハス □ ヒマワリ □ アサガオ

❼学校行事〈9月～3月〉・季節の説明に使える花　pp.50－53

□ 月〔 □ 9月～3月〕

[学校行事]　pp.51－52

□ 防災訓練 □ 地震 □ 修学旅行
□ 文化祭 □ 競技会 □ 音楽祭
□ マラソン大会
□ スピーチコンテスト □ 卒業式
□ 合唱コンクール
□ ボランティア活動の日
□ 職業体験学習 □ 児童総会

[様子など]　pp.51－52

□ 重要な □ 楽しい □ かっこいい
□ つらい □ 興奮させる □ 悲しい

[楽器]　p.52

□ ピアノ □ バイオリン □ チェロ
□ ザイロフォン □ トライアングル
□ ハーモニカ □ ドラム □ ギター
□ リコーダー

[秋～冬に咲く花]　p.53

■ キキョウ ■ ダリア ■ ナデシコ
■ マーガレット ■ グラジオラス
■ キンモクセイ □ オシロイバナ
■ キク □ コスモス □ ローズマリー
■ パンジー □ クリスマスローズ

■ スノウドロップ ■ スイセン
■ ツバキ ■ アザミ

Chapter 2 ▶ 他教科との連携

❶ナーサリーライム pp.54－56

［天気］

□ 雨 □ 天気がいい（6通り）
□ 曇った □ 雨の □ 風が強い
□ 雪の積もった □ 暑い □ 暖かい
□ 涼しい □ 寒い

［家族］ pp.54－56

□ パパ □ ママ □ 兄（弟） □ 姉（妹）
□ 家族 □ 赤ちゃん

❷世界の料理 pp.56－59

［調理法］ p.56

□ 火を使って調理する
□ 火を使っても使わなくても使える
□ 切る □ オーブンで焼く
□ ゆでる（煮る、炊く）
□ 揚げる（炒める） □ 直火で焼く
□ オーブンなどで焼く □ 蒸す

［調理器具］ p.57

□ 家庭科室 □ 調理室 □ スプーン
□ ポット □ なべ □ フライパン
□ 細口びん □ 広口びん □ 台所
□ ナイフ □ 包丁 □ ボウル
□ 炊飯器

［野菜・香辛料］ pp.57－58

□ パンプキン
（外側が黄色い大きなカボチャ）
□ 外側が緑色の日本で食べる小さなカボチャ
□ ナス《米》 □ 大根
□ ハツカダイコン □ キャベツ
□ 白菜 □ コショウ □ 黒コショウ
□ 唐辛子 □ ピーマン
□ カラーピーマン

［菓子類］ p.58

□ スナック □ クッキー《米》《英》
□ キャンディ《米》《英》
□ ショートケーキ

［肉類］ pp.58－59

□ 牛（ □ 雌牛 □ 雄牛 □ 牛肉）
□ 豚（ □ 豚肉 □ もも肉 □ ベーコン）
□ 羊（ □ 羊肉 □ 仔羊の肉）
□ 鶏（ □ 雌鳥 □ 雄鶏《米》《英》
□ 鶏肉）

［食事の時間］ p.59

□ 朝食 □ 昼食 □ 夕食（軽い夜食）
□ 夕食（1日の内の主要な夕食）

❸世界の大陸・大洋・国々 pp.59－63

［世界の諸地域］ p.59

□ 大陸 □ アジア □ ヨーロッパ
□ アフリカ □ 北アメリカ
□ 南アメリカ □ オセアニア

［世界の国々］ p.62

□ 日本 □ フランス □ ドイツ
□ スペイン □ イタリア □ ガーナ
□ アメリカ合衆国 □ カナダ
□ メキシコ □ ブラジル
□ コロンビア □ オーストラリア
□ ニュージーランド

［動物］ p.62

□ キリン □ カバ □ ゴリラ □ サイ
□ チータ □ カンガルー □ コアラ
□ ヒツジ

[五大陸と五大洋]　pp.62－63

☐ ユーラシア ☐ 南極大陸 ☐ 太平洋
☐ 大西洋 ☐ インド洋 ☐ 北極海
☐ 南極海

❹人体　pp.63－66

☐ 顔・体・腰のイラスト

[頭・目・耳・鼻の働き]　p.64

☐ 考える ☐ 見る ☐ 聞こえる
☐ 注意して聞く ☐ 匂いを嗅ぐ

[日本語と感覚の違う単語]　p.66

☐ 首と頭「首を横（縦）に振る」
☐ 腹と胃「満腹」「空腹」
☐ 尻は複数 hips?
☐ 親指と指 / 足の指と手の指

第３部

Chapter 1 ▶ 自己紹介　pp.67－76

[家族]　p.69

☐ 兄（姉） ☐ 弟（妹） ☐ 家族
☐ 両親 ☐ 父 ☐ 母 ☐ 祖父 ☐ 祖母
☐ 祖父母 ☐ 孫息子 ☐ 孫娘

[趣味・気晴らし]　pp.70－71

☐ 趣味 ☐ 気晴らし ☐ 釣り
☐ 歌を歌う ☐ 読書 ☐ 音楽鑑賞
☐ 旅行 ☐ ヨガ ☐ ヒロイン
☐ エアコン

[注意すべき単語：ベビーカー]　p.71

☐ うば車 ☐ バギー ☐ ベビーカー

[日本の年中行事]　p.75

☐ お正月 ☐ ひな祭り ☐ こどもの日
☐ 七夕祭り ☐ 大晦日

[子どもの遊び]　p.76

☐ あやとり ☐ 腕相撲 ☐ 鬼ごっこ
☐ かくれんぼ ☐ こま回し
☐ ジャンケン ☐ なわとび《米》《英》
☐ 塗り絵 ☐ お絵描き ☐ ままごと
☐ 射的

[遊具]　p.76

☐ 雲梯 ☐ シーソー ☐ 花壇
☐ ジャングルジム《米》《英》 ☐ 砂場
☐ すべり台 ☐ 鉄棒 ☐ ぶらんこ

Chapter 2 ▶ 職業　pp.77－83

☐ store と shop の違い
☐ Political Correctness 言い換え
　女優 / スチュワーデス / 人間 / 警察官 / セールスマン / 郵便配達員

[職業]　p.81

☐ 漫画家 ☐ 大工
☐ アイスクリーム屋
☐ ペットショップ店員 ☐ 宇宙飛行士
☐ デザイナー ☐ 動物園職員
☐ 運転手 ☐ エンジニア
☐ パイロット
☐ キャビンアテンダント
☐ バレリーナ ☐ 漁師 ☐ 販売員
☐ 教員 ☐ 花屋 ☐ パン屋 ☐ 看護師
☐ 美容師 ☐ 保育士 ☐ 医師
☐ 遊園地スタッフ ☐ 消防士
☐ ケーキ屋 ☐ スポーツ選手
☐ 主婦（夫） ☐ 獣医

[性格]　p.82

☐ 活発な ☐ 勇敢な ☐ 友好的な
☐ 面白い ☐ 優しい ☐ 正直な
☐ 親切な ☐ 礼儀正しい ☐ 内気な
☐ 頭がいい ☐ 強い ☐ たくましい
☐ かっこいい ☐ 陽気な ☐ かわいい

[仕事を説明する表現]　p.82

□ 漫画を描く □ 火と戦う
□ スポーツをする
□ アイスクリームを作る
□ 人を助ける □ 家を建てる
□ 車を運転する □ 冒険家になる
□ 電車を運転する
□ ポスターをデザインする
□ 歴史を教える □ 機械を組み立てる
□ ジェット機を操縦する
□ 髪をセットする □ 宇宙船に乗る
□ バレーをする □ 悪者をやっつける
□ 子どもの世話をする
□ 病人を助ける □ 花を活ける
□ 商品を売る □ 魚を売る
□ 運動する □ 家事をする
□ ガソリンを売る □ 金を預かる
□ 動物の世話をする
□ 映画を上映する □ 夕食を準備する
□ 食事を提供する □ 物を作る
□ 郵便を配達する □ 絵を展示する
□ 靴を修理する □ おもちゃ屋で働く
□ 果物屋で働く

[注意すべ単語]　p.83

□ カメラマンと撮影技師
□ 銀行員と銀行の幹部
□ 農場主 □ トレーナー（人と靴と服）

Chapter 3 ▶ 夏休みの思い出

[笑いの種類]　p.85

□ ほほえむ □ 声を出して笑う
□ にこっと笑う □ 爆笑する

[R-1 使用単語]　pp.85－89

□ 喜劇 □ ばかげたこと □ トイレ
□ 人間 □ 宇宙 □ ブラックホール
□ 水族館 □ サメ

[M-1 使用単語]　pp.91－94

□ 何でやねん □ ホンマかいな
□ 大きな海 □ クラゲ □ 巨大な
□ サメ □ 新型コロナ感染症
□ すっぱい □ サンゴ □ スイカ
□ ウミガメ □ 辛い □ 硬い

[活動に使えそうな過去形]　p.94

□ 遊ぶ〔スポーツをする / 演奏する / 芝居をする〕
□ 文字を書く □ 絵の具で絵を描く
□ 線で絵を書く □ 買う
□ 走る □ 洗う □ 与える〔手渡す〕
□ じっと見る □ 視線を向ける
□ 作る〔用意する〕 □ 座る □ 泳ぐ
□ 旅行する □ 行く □ 乗る

Chapter 4 ▶ 異文化理解　色

[色の種類]　pp.95－102

□ 白 □ 黒 □ 赤 □ 青 □ 黄 □ 緑
□ オレンジ □ ピンク □ 紫 □ 茶
□ 明るい青 □ 金 □ 銀 □ 銅
□ 空色 □ 濃紺 □ 紺 □ 塗り絵
□ 灰色 □ 藍色

[色の濃淡 etc.]　pp.98－102

□ 薄い □ 淡い □ 深い □ 暗い
□ 明るい □ 虹 □ ネズミ □ ヘビ
□ 動物 □ 混ぜる □ 手を挙げる
□ 銅メダル

Chapter 5 ▶ 異文化理解　国旗

[形]　pp.108－111

□ 長方形 □ 正方形 □ 三角形
□ ハート形 □ ひし形 □ 星形 □ 円
□ 直方体 □ 円柱 □ 円錐 □ 角柱
□ 三角錐 □ 球

[国旗に使われている象徴]　pp.105－112

□ 北極星 □ 鷲 □ 双頭の鷲
□ ライオン □ サボテン □ ヘビ
□ 太陽 □ 星 □ 月 □ 南十字星
□ 三日月

[世界の国々]　pp.104－112

□ 英国〔 □ イングランド □ スコットランド □ ウェールズ □ 北アイ

ルランド〕
- ☐ ニュージーランド ☐ ネパール
- ☐ スイス ☐ バチカン市国
- ☐ シンガポール ☐ トルコ
- ☐ パキスタン ☐ パラオ ☐ ブルネイ
- ☐ マレーシア ☐ バングラデッシュ
- ☐ パラオ ☐ スリランカ
- ☐ パプア・ニューギニア ☐ メキシコ
- ☐ ブータン

[接頭辞] p.111
- ☐ 一角獣 ☐ 一輪車 ☐ 唯一の
- ☐ モノレール
- ☐ 自転車 ☐ 2言語を話す人
- ☐ 三輪車 ☐ 3倍の

Chapter 6 ▶ 異文化理解　食

[卵] p.114
- ☐ 卵の白身 ☐ 卵の黄身 ☐ 目玉焼き
- ☐ 片面焼き ☐ 両面焼き ☐ ゆで卵
- ☐ 半熟卵 ☐ 固ゆで卵 ☐ 落とし卵

給食で世界の料理　pp.115〜117
- ☐ ニュージーランド
- ☐ キウイ〔鳥、果物〕 ☐ 鯛
- ☐ サツマイモ

[世界の料理] → p.○ p.○
- ☐ ペルーのロモサルタード
- ☐ ベトナムのフォー
- ☐ タイのパッタイ
- ☐ スウェーデンのピッティパンナ
- ☐ インドのキーマカレー

《参考》

教科書には世界中の料理がかなり紹介されています。今後、世界の料理を扱った授業が増えてくることが予想されますので、本書では扱ってはいませんが追補します。
- ☐ porridge「ポリッジ」
- ☐ fish&chips「フィッシュ＆チップス」
- ☐ taco「タコス」
- ☐ kebab「ケバブ」
- ☐ paella「パエリア」
- ☐ biryani「ビリヤニ」
- ☐ pierogies「ピエロギ」
- ☐ borsht「ボルシチ」
- ☐ beef stew「ビーフシチュー」
- ☐ ratatouille「ラタトゥーユ」
- ☐ pizza「ピザ」
- ☐ hot dog「ホットドッグ」
- ☐ roast beef「ローストビーフ」
- ☐ grilled eel「うなぎの蒲焼」
- ☐ fried chicken「フライドチキン」
- ☐ hamburger「ハンバーガー」
- ☐ BLT（Bacon Lettuce Tomato）「ベーコン・レタス・トマトサンド」

Chapter 7 ▶ 他者理解　pp.120−126

[持続可能な開発目標]
- ☐ アフガニスタン ☐ シンパシー
- ☐ エンパシー ☐ 貧困 ☐ 飢餓
- ☐ 安全な水 ☐ 下水施設
- ☐ マラウイ共和国 ☐ 水資源
- ☐ 干ばつ ☐ 砂漠化 ☐ 井戸
- ☐ 水をくむ ☐ 井戸を掘る ☐ 用水路
- ☐ 淡水 ☐ 水道 ☐ 水道水
- ☐ アフリカ布 ☐ たらい ☐ バケツ
- ☐ 持続可能な ☐ 開発目標
- ☐ 下水施設

第４部

ラップブックの作り方

［食物連鎖（児童作品）］ p.132

□ヘビ □森 □ワシ □カエル
□昆虫

［食物連鎖（理科復習）］ p.135

□海 □湖 □山 □川 □熱帯雨林
□森林 □湿地 □サバンナ □砂漠
□農場 □北極 □南極

［「水の詩」名詞］ p.138、p.146

□広大な海 □滝 □小川 □池
□台風 □雨 □地下水 □水道水
□つらら □氷山

［「水の詩」形容詞］ p.138、p.146

□力強い □穏やかな □さわやかな
□静かな □派手な □輝く
□荒れた □強烈な □素敵な
□素晴らしい □青い □白い
□緑の □晴れた □澄んだ □暑い
□暖かい □寒い

［環境・ゴミ問題］ pp.140－145

□新聞 □缶 □ペットボトル
□ビニール袋（ポリ袋）
□プラスティックトレイ
□4Rs（再利用する / ゴミを減らす / 再生利用する / 過剰包装を断る）
□化石燃料 □温室効果 □酸性雨
□地球温暖化

［自然］ pp.145－146

□川―小川―大河
□湖―池―沼―湿地、沼地
□「森」forest-woods-grove
□丘―小さな丘
□（なだらかな）谷間―（切り立った）渓谷―（大きな）渓谷
□山―山脈―火山
□「頂上」top-summit-peak
□「海岸」coast-shore-beach
□「港」port-harbor
□「入江・湾」gulf>bay>cove
ペルシャ湾 / 駿河湾

付録
食物連鎖語彙リスト

「生態ピラミッドの頂点は？」という質問に答えるのは難しいが、捕食者がいないと定義すると、〈鳥〉は eagle、〈動物〉は lion や brown bear、〈海洋・淡水生物〉は killer whale や polar bear などが該当する。

Forest Food Pyramid （食物連鎖　森編）

生態系ピラミッド―陸上生物

❶分解者（decomposers）
〈土壌生物〉

■ mushroom キノコ
□ worm（脚の無い）虫、ミミズ
□ larva 幼虫
■ roly-poly, pill-bug ダンゴムシ

キノコ

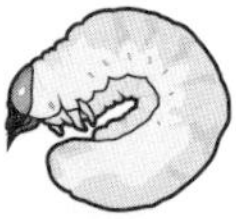
幼虫

ダンゴ虫

❷生産者（producers）
〈森 forest>woods>grove〉

□ ginkgo イチョウ
ginkgo nut ギンナン

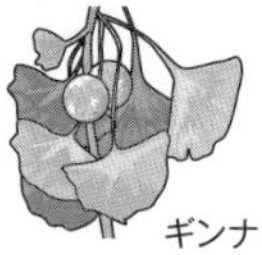
ギンナン

■ oak オーク（ナラやカシの総称で、実は acorn ドングリ）
□ maple カエデ
□ larch カラマツ
□ chestnut クリの木、クリの実

クリの実

■ white birch シラカバ
birch カバノキ

□ bamboo 竹
bamboo shoots 筍

■ horse chestnut トチノキ
マロニエとも言う

□ cedar ヒマラヤスギ
Japanese cedar（日本の）杉

□ fir tree モミ

□ poplar ポプラ

□ pine 松 pine cone 松ボックリ

□ walnut クルミ、クルミの木

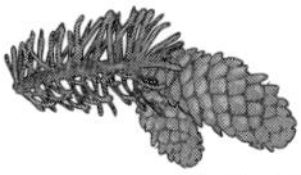
松ボックリ

クルミ

□ mistletoe ヤドリギ
“kissing udder the mistletoe”
クリスマスにヤドリギの下でキスをすると愛が永遠に続くという伝説がある

❸ 第一次消費者（consumers）

〈草食—昆虫、虫〉

□ caterpillar 毛虫、イモムシ

■ swallow tail アゲハチョウ

■ monarch butterfly オオカバマダラ（北米の渡り蝶）

□ cabbage butterfly
モンシロチョウ

■ moth 蛾

□ snail カタツムリ

□ beetle 甲虫、カブトムシ

□ drone beetle カナブン
drone：蜜蜂の雄 / 働かずのらくらする人 / ブーンという羽音 / 無線で飛ばす無人機

■ scarab beetle コガネムシ

■ longhorn カミキリムシ

■ stag beetle クワガタムシ

カブトムシ

カミキリムシ

クワガタムシ

□ carpenter bee クマバチ

■ bumble bee マルハナバチ

□ hornet, wasp スズメバチ

マルハナバチ

スズメバチ

■ cicada セミ

□ locust イナゴ、バッタ、《米》セミ

> セミとイナゴ
>
> アメリカの絵図鑑などでは、セミのイラストに cicada / locust という記述が見られます。アメリカでは13年（17年）毎にセミの大発生があり、周期ゼミ（seventeen-year locust）と呼ばれています。2021年夏、数兆匹のセミが全米にあふれているニュースが流されていました。まるでイナゴの大群のように。

セミ　イナゴ

バッタとイナゴは草食で、キリギリスはイナゴを食べるので肉食。ただ、英語ではバッタ類の明確な区別をしていないので要注意。

■ ladybug, ladybird テントウムシ
□ firefly ホタル

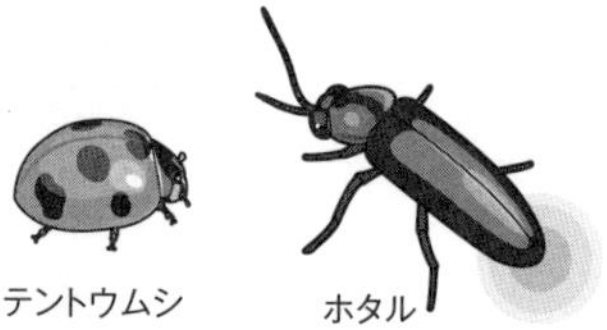

テントウムシ　ホタル

〈草食―動物〉

□ hippo カバ
□ rhino サイ
□ giraffe キリン
□ elephant ゾウ
（カバ、サイ、ゾウは草食動物のため高次消費者ではないが、力は強大でピラミッドの上位に位置する）

カバ　サイ

□ tortoise（陸生の）カメ
■ Japanese serow カモシカ
■ elk《欧》ヘラジカ
■ moose《加・米》ヘラジカ

ヘラジカ

❹第二次消費者（consumers）

〈雑食・肉食―昆虫〉

□ flea ノミ
□ water strider, pond skater
アメンボ（空を飛んで移動）
□ mantis カマキリ
■ grasshopper キリギリス、イナゴ
■ spider クモ
yellow garden spider ジョロウグモ
□ cricket コオロギ
■ dragonfly トンボ
■ emperor dragonfly 皇帝ヤンマ（日本ではオニヤンマ）
□ cockroach ゴキブリ
□ scorpion サソリ

〈雑食―動物〉

■ tree frog アマガエル
tadpole オタマジャクシ
■ toad ヒキガエル

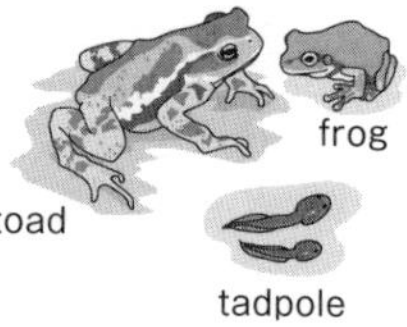

□ reindeer《欧》トナカイ
■ caribou《米》トナカイ、カリブー
□ mole モグラ

〈雑食・肉食―鳥〉

■ アヒル（雌）、duck カモ
spot-billed duck カルガモ
□ mallard マガモ（雄）
□ goose（雌）ガチョウ
■ wild goose ガン

アヒルとガチョウ
アヒルはマガモを、ガチョウはガンを家畜化した呼び名

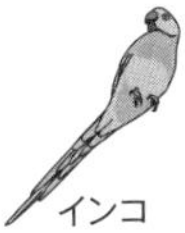
インコ

□ parakeet インコ
□ cormorant 鵜（ウ）
□ parrot オウム
□ crow カラス
□ pheasant キジ
■ woodpecker キツツキ
□ sparrow スズメ
□ lark ヒバリ
■ robin コマドリ
□ crane ツル
■ swallow ツバメ

ツバメ

〈雑食・肉食―動物〉

■ badger アナグマ
■ raccoon アライグマ
□ raccoon dog タヌキ
□ weasel イタチ
■ fox キツネ
□ bat コウモリ（哺乳類）
□ anteater アリクイ
■ river otter カワウソ
■ chipmunk シマリス
■ squirrel（シマの無い）リス
□ hedgehog ハリネズミ
□ snake ヘビ　adder マムシ

アナグマ

イタチ

コウモリ

キツネ

ハリネズミ

❺高次消費者（higher consumers）

〈肉食―鳥〉

■ eagle ワシ
□ hawk タカ
■ condor コンドル
□ vulture ハゲワシ
■ falcon ハヤブサ
■ owl フクロウ
□ kite トビ

タカ

トビ

ワシ：大型で鳥の王者 / タカ：小型 / コンドル：アメリカ大陸に生息 / ハゲワシ：旧大陸（アジア、ヨーロッパ、アフリカの三大陸）に生息 / ハヤブサ：鳥の中で最速

〈肉食―動物〉

□ lion ライオン
■ brown beer ヒグマ
□ alligator, crocodile ワニ
■ wolf オオカミ
■ buffalo 水牛、バイソン
□ tiger トラ
□ hyena ハイエナ

ワニ

オオカミ

バイソン

トラ

ハイエナ

- ☐ cheetah チータ
- ☐ jaguar ジャガー
- ☐ panther, leopard ヒョウ
- ■ puma ピューマ（= cougar= mountain lion）

ジャガー：花のような模様の中に黒い斑点 / チータ：黒い小さな斑点 / ヒョウ：梅の花の模様 / ピューマ：模様なし

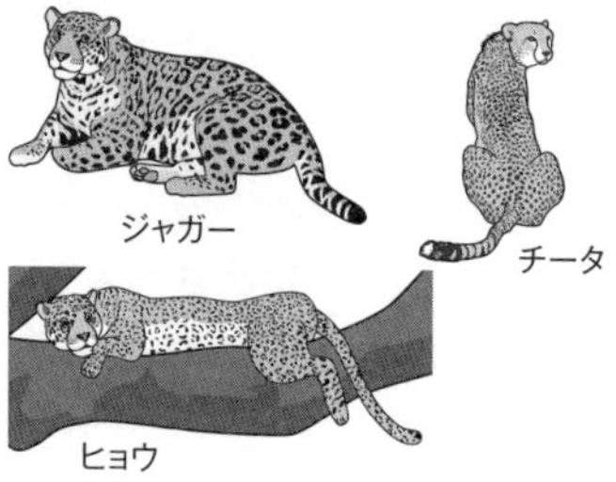

Marine&Freshwater Food Chain （食物連鎖　海洋・淡水編）

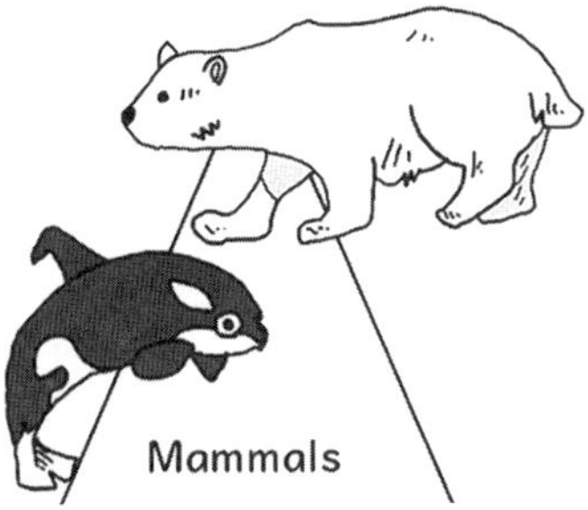

生態系ピラミッドー海洋生物

❻植物プランクト（phytoplankton）

☐ diatoms 珪藻類（海）
☐ seaweed 海藻

❼動物プランクトン（zooplankton）

☐ krill オキアミ（海）
■ jellyfish クラゲ（海・淡）

❽第一次消費者（small fish）

■ coral サンゴ
☐ sea urchin ウニ
☐ starfish ヒトデ
☐ shellfish 貝　shell 貝殻
☐ clam 二枚貝（ハマグリなど）
☐ oyster カキ
☐ turban shell サザエ
☐ shrimp エビ
☐ flying fish トビウオ
☐ sardine イワシ

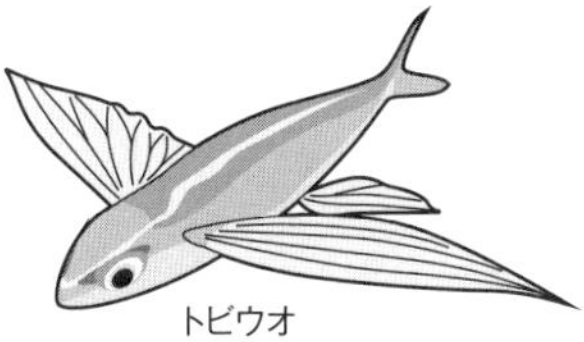
トビウオ

❾第二次消費者（big fish）

☐ sea anemone イソギンチャク
☐ turtle ウミガメ
☐ sea bream タイ
■ tuna マグロ
bluefin tuna クロマグロ
☐ squid, cuttlefish イカ
☐ octopus タコ
■ sea otter ラッコ
■ penguin ペンギン

マグロ

ペンギン

ウミガメ

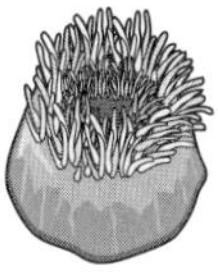
イソギンチャク

⑩第三次消費者（mammals 哺乳類）

□ shark サメ（魚類）
■ fur seal オットセイ
□ walrus セイウチ
■ sea lion アシカ
■ seal アザラシ
■ dolphin イルカ（肺呼吸）

アザラシ：斑点があり腹這いで進む / アシカ：つるつるの体で状態を起こして進む / オットセイ：体に毛がある / トド：大型で牙なし / セイウチ：大型で牙あり

⑪高次消費者（mammals 哺乳類）

■ killer whale シャチ
■ polar beer ホッキョクグマ
■ largest sea lion トド
□ whale クジラ（肺呼吸）

生態系ピラミッドー淡水生物

〈プランクトン〉

□ chlorella クロレラ
□ water flea ミジンコ

〈消費者〉

□ water snail タニシ
□ loach ドジョウ
□ *medaka* メダカ
■ water beetle ゲンゴロウ
■《米》crawfish, crawdad /《英》crayfish ザリガニ

タニシ

ゲンゴロウ

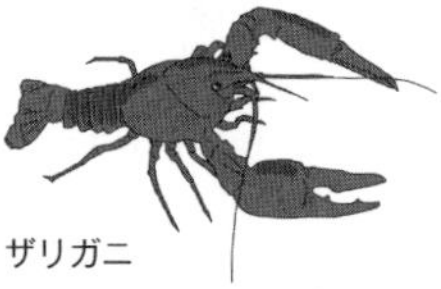
ザリガニ

■ cat fish ナマズ
□ carp コイ（carps も可）
□ eel ウナギ（産卵は海で、成魚は川や湖沼に棲む）
■ trout マス（淡水にいる時はヒメマス、海にいる時は salmon 紅鮭）
■ largemouth bass ブラックバス
□ salmon 鮭（海から河川を渡河）

〈淡水生物の天敵〉

■ egret サギ（白いサギ）
■ heron サギ（《英》アオサギ）
■ king fisher カワセミ
■ osprey ミサゴ（fish hawk）
■ brown beer ヒグマ

著者紹介

監修

酒井 志延（千葉商科大学名誉教授）
『ワクワクする小学校英語授業の作り方』（大修館書店）、『社会人のための英語の世界ハンドブック』（大修館書店）、『先生のための小学校英語の知恵袋』（くろしお出版）、『行動志向の英語科教育の基礎と実践』（三修社）

土屋佳雅里（東京成徳大学助教、東京都杉並区小学校英語講師）
『ワクワクする小学校英語授業の作り方』（大修館書店）、『Here we go!』（文部科学省検定済教科書、光村図書）、『小学校教室英語ハンドブック』（光村図書）、『先生のための小学校英語の知恵袋』（くろしお出版）

編著

成田 潤也（神奈川県厚木市立鳶尾小学校教諭、前神奈川県教育委員会指導主事）
『ワクワクする小学校英語授業の作り方』（大修館書店）、『先生のための小学校英語の知恵袋』（くろしお出版）

北野 ゆき（大阪府守口市立錦小学校教諭、前守口市立さつき学園教諭）
『NEW HORIZON Elementary』（文部科学省検定済教科書、東京書籍）、『ワクワクする小学校英語授業の作り方（大修館書店）、『先生のための小学校英語の知恵袋』（くろしお出版）

執筆

阿部 志乃（横須賀学院小学校教諭）
『ワクワクする小学校英語授業の作り方』（大修館書店）、『先生のための小学校英語の知恵袋』（くろしお出版）

赤井 晴子（埼玉県公立小学校英語専科教諭）
『「教師の自己評価」で英語授業は変わる J-POSTL を活用した授業実践』（大修館書店）

三浦 聡美（岩手大学教育学部実地指導講師、岩手県花巻市教育委員会学校教育課外国語指導助手 ALT　IE Tree House 主宰）

イラスト　土屋佳雅里　　泉山清佳
写真・切手提供　酒井志延　　長友賢一郎
【実践】使用教科書　*NEW HORIZON Elementary English Course* 5, 6（東京書籍）
Here We Go! ❺，❻（光村図書）
編集協力　出版工房一穂

「言《い》いたい」が「言《い》えた！」に変《か》わる小学校《しょうがっこう》英語《えいご》授業《じゅぎょう》
——語彙力《ごいりょく》・表現力《ひょうげんりょく》がぐんぐんのびる！

NDC375／xii, 195p／21cm

初版第1刷——2023年１月１日

監修者————酒井志延《さかいしえん》・土屋佳雅里《つちやかがり》
発行者————鈴木一行
発行所————株式会社 大修館書店
〒113-8541 東京都文京区湯島2-1-1
電話03-3868-2651（販売部） 03-3868-2292（編集部）
振替00190-7-40504
［出版情報］https://www.taishukan.co.jp

装丁者————CCK
印刷所————広研印刷
製本所————難波製本

ISBN978-4-469-24662-9　Printed in Japan

Marine & Freshwater Food Chain

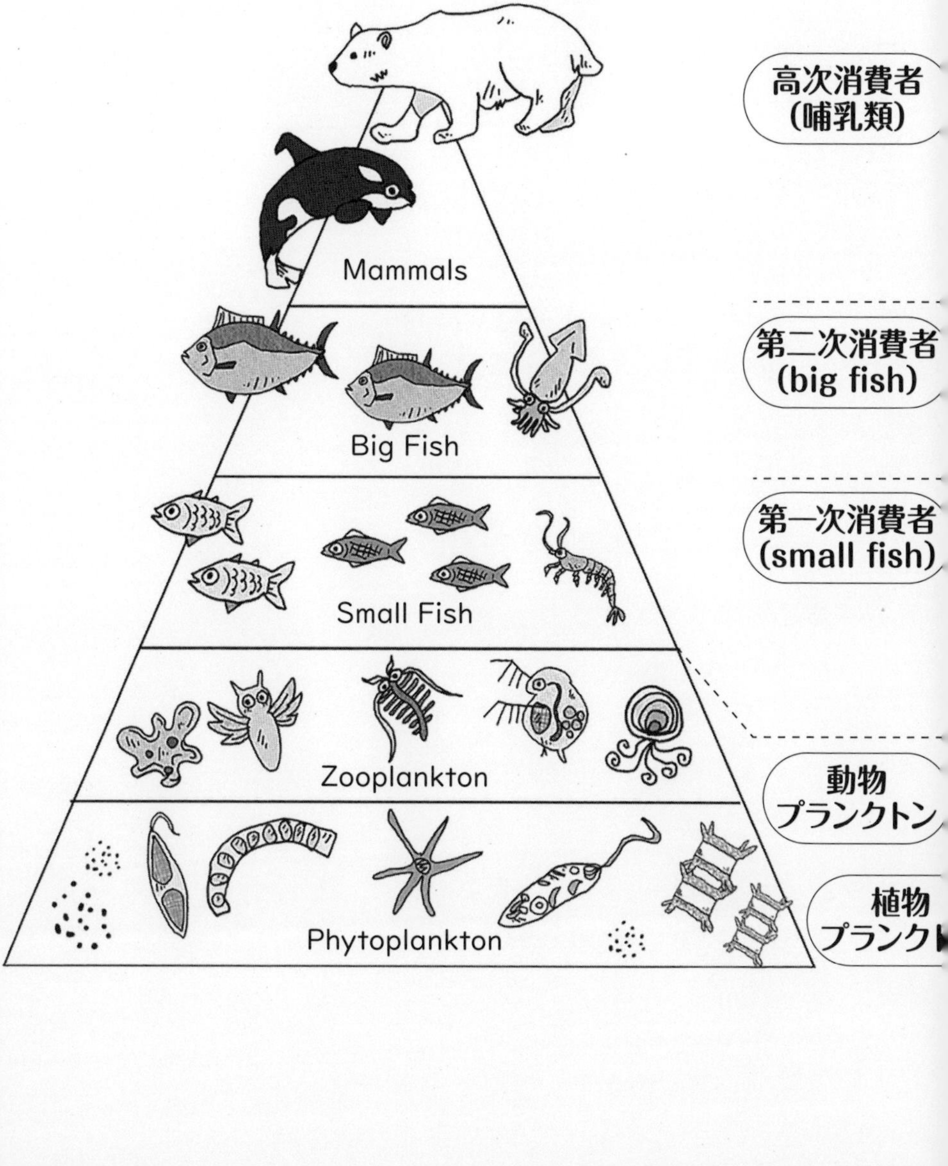